café marocain

Responsables éditoriales : Suyapa Audigier & Brigitte Éveno

Direction artistique et réalisation : Guylaine & Christophe Moi

Collaboration rédactionnelle : Sophie Brissaud

Fabrication : Nathalie Lautout

Secrétariat d'édition : Sylvie Gauthier

Photographie des objets : Matthieu Csech

saveurs d'ici et d'ailleurs

café marocain

Elisa Vergne

Photographies de Pierre Desgrieux
Stylisme de Valérie Lhomme

HACHETTE

[Quand les saveurs fusionnent...]

Les frontières de la cuisine s'effacent graduellement, pour le plus grand plaisir de tous. Le tournant de ce siècle nous voit adopter, en douceur, de nouvelles habitudes culinaires. On ne parle plus de « cuisine exotique », car l'exotisme implique le lointain, le bizarre, et pas forcément l'authentique. Or il n'y a plus rien de bizarre à cuisiner chinois, indien, mexicain. La démarche actuelle consiste à trouver son inspiration partout où on le peut : l'essentiel est que le résultat soit bon. Naguère, s'essayer aux cuisines étrangères était une audace, une gageure ; aujourd'hui, cela fait partie de notre vie quotidienne. Des ingrédients qu'il fallait, auparavant, traquer avec un flair de détective ou se faire rapporter par des amis voyageurs sont désormais disponibles à notre porte, à la grande surface la plus proche ou chez l'épicier du coin. On n'a plus peur des épices, des flacons mystérieux, des fruits colorés — on apprend à s'en servir. Mieux encore, on essaie de les adapter aux mets de tous les jours. Le monde vient dans notre cuisine tout naturellement, avec toute la fraîcheur de ses saveurs ; on découvre, en même temps, des régimes différents, des principes diététiques qui nous font méditer. Notre cuisine est désormais le creuset d'une fusion sans complexe, et ce qui était autrefois inhabituel devient si familier qu'on en oublie ses origines étrangères.

Parmi les cuisines d'Afrique du Nord, l'art culinaire marocain est le plus marqué par la tradition aristocratique. Au cours des siècles s'est constituée une cuisine pleine de parfums et de noblesse, qu'on déguste en prenant son temps. Les racines de cet art plongent dans l'histoire de l'Espagne médiévale, dans cette Andalousie musulmane qui avait atteint un art de vivre d'un extrême raffinement, enrichi d'apports islamiques et juifs. Aujourd'hui, le nom d'*al-Andalus* évoque chez tout musulman une nostalgie irréparable. Le Maroc a repris les recettes de l'ancienne Andalousie pour confectionner avec amour et dévotion des mets complexes, aromatiques, capiteux. La cuisine de la maison est préparée par des femmes — pastillas feuilletées, tajines longuement mijotés, pâtisseries légères et sucrées —, tandis qu'à l'extérieur règne celle des souks et des foires, qui s'élabore et se consomme dans la rue. Dans les fours scellés à l'argile rôtissent lentement des agneaux dès le petit matin, et sur des étals, en période de ramadan, la soupe *harira* est servie dès la tombée du soir. Les brochettes peuvent être achetées et grignotées partout. Ce sont dans les vieilles villes historiques — Fès, Marrakech, Meknès — que perdure la grande tradition de la cuisine marocaine. Vous pouvez, vous aussi, préparer ces plats envoûtants qui séduisent tous ceux qui les goûtent. Vos invités se souviendront longtemps de vos dîners marocains.

sommaire

entrées & soupes

entrées & soupes

le rituel et l'agréable

Si les soupes marocaines sont souvent des plats solides pour les soirs de ramadan, faits pour restaurer l'âme et le corps, les salades sont des oasis de fraîcheur à l'orée des repas chargés d'épices. Les combinaisons d'ingrédients sont parfois déroutantes, mais le résultat est toujours délicieux... et facile à réaliser. Ces salades doivent être préparées quelque temps à l'avance et macérer pour faciliter le mariage des saveurs.

4-6 personnes
Préparation : 15 min
Macération : 2 h

200 g d'olives noires
2 citrons
1 gousse d'ail (facultatif)
1 cuil. à café de paprika ou de piment doux
1 pincée de piment fort en poudre
3 pincées de cumin en poudre
1 cuil. à soupe d'huile d'olive

[salade d'olives]

Rincez les olives et séchez-les à fond dans du papier absorbant.

Pelez les citrons à vif, coupez-les en dés en retirant les membranes blanches et les pépins. Éventuellement pelez la gousse d'ail et passez-la au presse-ail. Mélangez tous les ingrédients dans un saladier et laissez macérer 2 h au frais.

Vous pouvez remplacer les citrons par 1 ou 2 oranges, selon leur grosseur.

[pommes de terre aux épices et à la coriandre]

4-5 personnes
Préparation : 20 min
Cuisson : 1 h

1 kg de pommes de terre roseval
2 tomates
3 oignons
2 gousses d'ail
3 branches de persil
3 branches de coriandre
3 cuil. à soupe d'huile d'olive
1 feuille de laurier
1 pincée de gingembre en poudre
1 pincée de cumin en poudre
2 pincées de paprika
1 petit piment frais
sel, poivre

Pelez les pommes de terre, lavez-les et coupez-les en rondelles. Plongez les tomates 10 secondes dans de l'eau bouillante, rafraîchissez-les, pelez-les ; retirez les pépins et hachez la pulpe au couteau. Pelez les oignons et coupez-les en lamelles fines. Pelez les gousses d'ail et passez-les au presse-ail. Rincez, épongez le persil et la coriandre, hachez-en les feuilles.

Faites chauffer l'huile dans une sauteuse ou une casserole à fond épais. Quand elle est bien chaude, jetez-y les oignons et faites-les revenir 5 min. Ajoutez les rondelles de pomme de terre, les tomates concassées, l'ail, la feuille de laurier, saupoudrez de gingembre, de cumin, de paprika et des herbes hachées. Salez et poivrez.

Arrosez le contenu de la sauteuse avec 50 cl d'eau, mélangez bien l'ensemble. Couvrez et laissez cuire 45 min à feu doux.

Retirez le pédoncule et les graines du piment en travaillant avec des gants ou sous l'eau froide courante, puis coupez-le en lamelles. Ajoutez celles-ci dans la sauteuse et laissez cuire encore 15 min.

[chorba aux légumes]

6 personnes
Préparation : 25 min
Cuisson : 40 min

2 gros oignons
4 blancs de poireau
2 pommes de terre
4 carottes
2 navets
4 tomates
2 branches de céleri
50 g de beurre
2 litres de bouillon de bœuf
1 cuil. à café de curcuma
50 g de vermicelle
4 branches de persil
4 branches de coriandre
sel, poivre noir

Pelez les oignons et hachez-les. Nettoyez les poireaux, fendez-les en deux, détaillez-les en rondelles et lavez-les. Épluchez les pommes de terre, les carottes et les navets et coupez-les en dés. Plongez les tomates 10 secondes dans de l'eau bouillante, rafraîchissez-les aussitôt, pelez-les et concassez-les au couteau. Détaillez les branches de céleri en fines lamelles.

Faites fondre le beurre dans un faitout et, quand il est bien mousseux, faites-y revenir les oignons et les poireaux sans les laisser dorer. Ajoutez les pommes de terre, puis arrosez avec le bouillon et portez à ébullition.

Ajoutez alors les carottes, les navets, les tomates et le céleri dans le faitout. Salez légèrement, car le bouillon est déjà salé, poivrez largement. Ajoutez le curcuma, mélangez, couvrez. Dès la reprise de l'ébullition, comptez 20 min.

Versez le vermicelle en pluie dans la soupe et laissez cuire encore 5 min.

Rincez, épongez soigneusement le persil et la coriandre, hachez-en les feuilles. Versez la soupe en soupière, parsemez de persil et de coriandre hachés et servez sans attendre.

[artichauts farcis]

6 personnes
Préparation : 45 min
Cuisson : 55 min

6 gros artichauts
3 cuil. à soupe de jus de citron
200 g d'épaule d'agneau
1 œuf + 1 œuf dur
3 branches de persil
5 gousses d'ail
3 pincées de curcuma
2 cuil. à soupe d'huile d'olive
sel, poivre

Coupez les feuilles des artichauts aux deux tiers de la hauteur. Retirez la première couronne de feuilles, puis coupez la base ; évidez le centre. Plongez les artichauts au fur et à mesure dans une jatte d'eau additionnée de 1 cuillerée à soupe de jus de citron.

Hachez la viande. Écalez l'œuf dur, hachez-le. Hachez également le persil. Pelez et hachez 2 gousses d'ail au-dessus d'une jatte, ajoutez la viande, l'œuf dur, le curcuma et le persil, puis l'œuf entier, salez et poivrez. Pétrissez le tout.

Pelez les gousses d'ail restantes. Faites-les revenir à l'huile dans une sauteuse. Lorsqu'elles sont juste blondes, ajoutez 50 cl d'eau, le reste du jus de citron, du sel et du poivre, et portez doucement à ébullition.

Égouttez les artichauts et emplissez-les de farce. Mettez-les dans la sauteuse, couvrez et laissez cuire 50 min à petit feu. Vérifiez la cuisson avec la pointe d'un couteau.

Déposez les artichauts dans un plat de service. Faites réduire la sauce si elle est trop abondante et versez-la dessus. Servez chaud.

[salade de laitue à l'orange]

4 personnes
Préparation : 15 min

2 romaines
2 oranges
1 cuil. à soupe de jus de citron
1 cuil. à soupe d'eau de fleur d'oranger
1 cuil. à soupe de sucre
2 cuil. à soupe d'huile d'olive
sel, poivre

Nettoyez les salades en ne conservant que les feuilles tendres. Lavez-les, essorez-les et coupez-les en lanières. Pressez 1 orange, pelez l'autre à vif, en entamant la chair, et coupez-la en rondelles ; ôtez les pépins, puis recoupez les rondelles en dés.

Mélangez le jus de l'orange, le jus de citron et l'eau de fleur d'oranger dans un bol. Ajoutez 1 pincée de sel et le sucre, poivrez. Mélangez bien à la fourchette pour faire fondre le sucre, incorporez l'huile d'olive et émulsionnez vivement la sauce.

Déposez les lanières de salade dans un saladier, ajoutez les dés d'orange, versez dessus le contenu du bol, mélangez. Servez frais.

[purée de pois chiches]

Mettez les pois chiches dans une jatte d'eau froide additionnée de gros sel et faites-les tremper 12 h. Le lendemain, versez le contenu de la jatte dans une casserole, faites bouillir 5 min, égouttez les pois chiches, puis frottez-les entre vos mains pour en retirer la peau.

Pelez l'oignon et l'ail, hachez-les. Mettez-les dans une casserole avec les pois chiches, quelques pincées de piment et la coriandre. Couvrez largement d'eau froide, portez à ébullition. Laissez frémir 2 h au moins, en salant et poivrant à mi-cuisson.

Jetez la coriandre, égouttez les pois chiches et réduisez-les en purée. Servez froid.

6 personnes
Préparation : 15 min
Trempage : 12 h
Cuisson : 2 h

500 g de pois chiches
1 gros oignon
1 gousse d'ail
2 branches de coriandre
1/2 cuil. à café de gros sel
piment en poudre
sel, poivre

4 personnes
Préparation : 10 min
Cuisson : 20 min

600 g de carottes
3 gousses d'ail
3 cuil. à soupe de vinaigre
1/2 cuil. à café de cumin
2 cuil. à soupe d'huile d'olive
2 branches de persil
2 branches de coriandre
piment en poudre
sel, poivre

[salade de carottes]

Pelez les carottes, lavez-les, coupez-les en quatre, de haut en bas. Écrasez les gousses d'ail.

Dans une casserole, portez de l'eau à ébullition, ajoutez-y les carottes et l'ail et faites cuire environ 20 min.

Égouttez soigneusement les carottes, mettez-les dans un plat creux, arrosez-les de vinaigre, poudrez de cumin et de piment selon votre goût, salez, poivrez, ajoutez l'huile d'olive.

Rincez et épongez le persil et la coriandre, hachez-les et parsemez-en les carottes. Mélangez au moment de servir.

[patates douces aux épices]

Épluchez les patates douces, passez-les sous l'eau, essuyez-les et coupez-les en morceaux. Versez l'huile dans une casserole à fond épais, ajoutez le safran, la cannelle en poudre, le sucre, le beurre et 2 pincées de sel. Poivrez largement. Lorsque l'huile parfumée est bien chaude, jetez-y les morceaux de patate douce et versez 20 cl d'eau. Couvrez et laissez cuire 30 min à feu moyen.

Si en fin de cuisson l'eau n'est pas suffisamment évaporée, retirez le couvercle et laissez réduire encore un peu. Servez chaud ou froid.

4 personnes
Préparation : 10 min
Cuisson : 30 min

750 g de patates douces
3 cuil. à soupe d'huile
1 dose de safran
1/2 cuil. à café de cannelle en poudre
1 cuil. à soupe de sucre
20 g de beurre
sel, poivre

[salade de persil]

Rincez le persil et essorez-le à fond dans du papier absorbant. Hachez finement les feuilles. Épluchez l'oignon et hachez-le finement.

Pelez 1 citron à vif, coupez-le en dés, en retirant les membranes blanches et les pépins. Pressez le second citron pour en extraire le jus. Mélangez le persil, l'oignon et les dés de citron. Salez légèrement et arrosez de jus de citron. Mélangez à nouveau.

Servez frais, seul ou avec d'autres salades, ou encore avec une entrée chaude.

3-4 personnes
Préparation : 10 min

1 gros bouquet de persil plat, très frais
1 oignon blanc moyen
2 gros citrons
sel

Vous pouvez préparer cette soupe du ramadan en remplaçant la moitié des lentilles par des pois chiches trempés. La cuisson sera alors prolongée de 30 min. Servez avec des quartiers de citron et de la coriandre fraîche.

[harira aux lentilles]

6 personnes
Préparation : 15 min
Cuisson : 1 h 30
Repos : 1 h

300 g d'épaule d'agneau dégraissée
1 gros oignon
1 lamelle de gingembre
150 g de lentilles
3 branches de persil
1 branche de céleri
1 bâton de cannelle
1/2 cuil. à café de curcuma
1/2 cuil. à café de paprika
1/2 cuil. à café de cumin
3 cuil. à soupe de farine
1 cuil. à soupe de jus de citron
100 g de riz
4 branches de coriandre
30 cl de coulis de tomates
10 g de beurre
sel, poivre

Coupez la viande en tout petits dés. Pelez l'oignon et hachez-le. Pelez la lamelle de gingembre, râpez-la. Mettez l'oignon et le gingembre dans un faitout avec la viande, les lentilles, les branches de persil et de céleri, le bâton de cannelle, le curcuma, le paprika et le cumin. Versez 3 litres d'eau, et portez à ébullition. Salez et poivrez, couvrez et laissez frémir 1 h à feu moyen.

Pendant ce temps, mélangez la farine avec 9 cuillerées à soupe d'eau. Ajoutez la cuillerée de jus de citron et laissez reposer 1 h au moins à température ambiante.

Rincez le riz sous l'eau froide, ajoutez-le dans le faitout et laissez cuire encore 20 min.

Rincez, essorez la coriandre, hachez-en les feuilles. Ajoutez la coriandre hachée à la soupe ainsi que le coulis de tomates et le beurre, mélangez et faites cuire 5 min.

Retirez les branches de persil et de céleri, le bâton de cannelle, puis, hors du feu, incorporez la farine. Mélangez soigneusement. Faites cuire encore 5 min à partir de la reprise de l'ébullition, en remuant à plusieurs reprises.

Servez cette soupe brûlante.

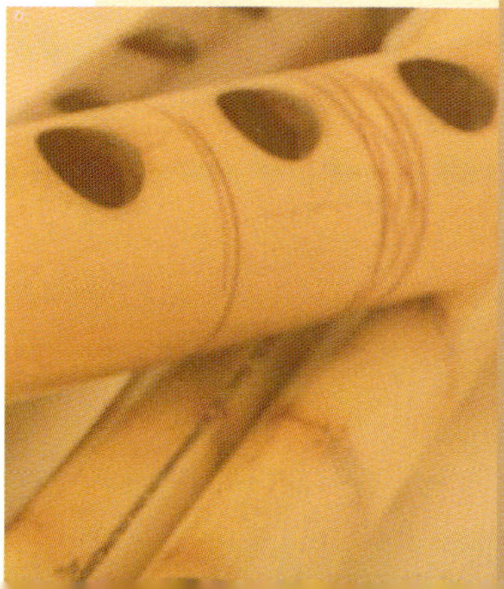

[salade d'artichauts et d'oranges]

4 personnes
Préparation : 15 min
Cuisson : 1 h

6 fonds d'artichaut surgelés
3 oranges
1 citron
1 gousse d'ail
3 cuil. à soupe d'huile d'olive
poivre, sel

Dans une casserole, portez une grande quantité d'eau à ébullition, plongez-y les fonds d'artichaut et laissez-les cuire 10 min.

Pendant ce temps, pelez 2 oranges à vif, coupez-les en rondelles épaisses, ôtez les pépins, et recoupez les rondelles en quatre. Pressez le citron ainsi que la dernière orange au-dessus d'un bol pour en recueillir le jus. Pelez la gousse d'ail et hachez-la.

Dans une sauteuse, portez à ébullition 10 cl d'eau avec le jus de l'orange et du citron. Ajoutez 1 cuillerée à soupe d'huile, l'ail haché et les morceaux d'orange, salez et poivrez.

Égouttez bien les fonds d'artichaut, coupez-les en quatre, ajoutez-les également dans la sauteuse. Couvrez et laissez cuire 50 min à feu doux.

Laissez refroidir totalement, puis arrosez avec le reste de l'huile. Servez cette salade bien froide.

[chachouka]

6 personnes
Préparation : 45 min
Cuisson : 1 h

3 poivrons rouges
3 poivrons jaunes
1 kg de tomates
4 gousses d'ail
1 bouquet de persil
1 bouquet de coriandre
4 cuil. à soupe d'huile d'olive
2 cuil. à soupe de paprika doux
1 cuil. à café de cumin
piment en poudre
sel

Faites griller les poivrons sous le gril du four, le plus près possible de la source de chaleur, en les tournant régulièrement dès que le dessus est carbonisé. Lorsque toute la peau est noire, sortez les poivrons du four et laissez-les tiédir.

Plongez les tomates 10 secondes dans de l'eau bouillante, rafraîchissez-les et pelez-les, retirez les pépins, puis concassez la pulpe. Pelez les gousses d'ail et passez-les au presse-ail. Rincez, puis épongez le persil et la coriandre, hachez-les.

Pelez les poivrons, retirez les pédoncules, les graines et les filaments blancs, puis coupez la pulpe en dés.

Faites chauffer l'huile dans une poêle. Faites-y revenir les poivrons quelques minutes, en remuant, ajoutez les tomates, l'ail, les herbes hachées, le paprika, le cumin et quelques pincées de piment selon votre goût. Salez. Faites cuire 30 min en remuant souvent, jusqu'à ce que l'eau de végétation soit totalement évaporée. À la fin de la cuisson, les poivrons doivent paraître confits. Servez chaud avec de la viande grillée ou froid en entrée.

La *chachouka* est un peu l'équivalent de la ratatouille, ce qui permet toutes les variations possibles. Elle peut être aux aubergines, aux oignons (auxquels on ajoute souvent des pois chiches et de petites fèves), aux tomates et aux piments frais, aux pommes de terre et aux piments frais, aux artichauts, aux petits pois, à la courge, aux carottes, au chou-fleur, à la courge rouge, etc.

Faites chauffer le four à 150 °C (th. 5). Lavez les tomates, essuyez-les, coupez-les en deux, retirez les pépins. Rangez-les dans un plat huilé, face coupée contre le fond du récipient, mettez au four et laissez cuire 20 min.

Retournez les tomates, salez, poivrez et poudrez de sucre, arrosez avec l'huile, et remettez au four. Laissez confire 1 h. Soulevez délicatement les tomates avec une spatule et déposez-les dans un autre plat. Laissez refroidir.

Servez ces tomates froides, en entrée, avec d'autres salades.

Préparation : 10 min
Cuisson : 1 h 20

1 kg de tomates moyennes, de même calibre
10 cl d'huile d'olive
2 cuil. à soupe de sucre en poudre
sel, poivre

[tomates confites]

La cuisine méditerranéenne fait la part belle aux légumes, et le Maroc ne fait pas exception. Les spécialités de légumes confits à l'huile d'olive sont nombreuses, l'aubergine et la tomate omniprésentes et l'ail indispensable. Ces salades sont mangées froides ou à température ambiante : cela exalte le goût des végétaux et des aromates et les rendrait, dit-on, plus digestes.

[salade d'aubergines]

6 personnes
Préparation
et cuisson : 1 h

3 belles aubergines
2 tomates
6 gousses d'ail
1 petit piment fort (facultatif)
4 cuil. à soupe d'huile d'olive
1/2 cuil. à café de cumin
1 cuil. à café de paprika
2 cuil. à soupe de jus de citron
1 cuil. à soupe de coriandre hachée
sel, poivre

Posez les aubergines sous le gril du four et faites-les griller 20-25 min, jusqu'à ce que la peau soit presque carbonisée, en les retournant à mi-cuisson. Laissez-les tiédir.

Plongez les tomates 10 secondes dans de l'eau bouillante, rafraîchissez-les et pelez-les. Coupez-les en quatre, épépinez-les et hachez la pulpe au couteau. Pelez les gousses d'ail et passez-les au presse-ail.

Retirez le pédoncule et les graines du piment (si vous l'utilisez) en travaillant avec des gants ou sous l'eau froide courante, hachez-le finement.

Retirez les pédoncules, puis fendez les aubergines et prélevez la chair avec une cuillère. Hachez-la.

Faites chauffer l'huile dans une sauteuse. Faites-y revenir 5 min la chair des aubergines, l'ail, les tomates et éventuellement le piment. Ajoutez le cumin, le paprika, du sel, du poivre et le jus de citron, mélangez et faites cuire 20-25 min, en remuant souvent, jusqu'à ce que l'eau soit évaporée. Parsemez de coriandre hachée. Servez chaud ou froid.

[salade de légumes grillés]

4 personnes
Préparation
et cuisson : 20 min
Réfrigération : 1 h

4 tomates
2 poivrons rouges
1 poivron jaune
1-2 piments verts forts
3 gousses d'ail
3 cuil. à soupe d'huile d'olive
1 cuil. à soupe de jus de citron
1 pincée de cumin
4 branches de persil
sel, poivre

Rincez les tomates, les poivrons et le piment. Posez-les dans un grand plat et glissez-les sous le gril du four, le plus près possible de la source de chaleur. Tournez-les dès que la peau est presque carbonisée. Retirez-les au fur et à mesure qu'ils sont noirs de tous côtés et laissez-les tiédir.

Pelez et épépinez les tomates, coupez-les en dés. Pelez les poivrons et le piment, retirez-en le pédoncule, les graines et les filaments blancs, et taillez-les en lamelles ou en dés.

Pelez l'ail et hachez-le. Mélangez les légumes avec l'ail, salez et poivrez, arrosez d'un mélange d'huile, de jus de citron et de cumin et laissez au moins 1 h au frais. Parsemez de persil haché.

4 personnes
Préparation
et cuisson : 20 min

2 poivrons
2 citrons confits au sel (p. 40)
1 gousse d'ail
1 pincée de cumin
2 cuil. à soupe de jus de citron
1 cuil. à soupe d'huile d'olive

[salade de citrons et poivrons]

Faites griller les poivrons sous le gril du four, le plus près possible de la source de chaleur. Tournez-les au fur et à mesure que la peau carbonise. Lorsque leur peau est noire de tous côtés, sortez les poivrons et laissez-les tiédir.

Achevez de couper les citrons confits en quatre. Pelez la gousse d'ail et hachez-la finement. Mélangez-la avec le cumin, le jus de citron et l'huile d'olive.

Lorsque les poivrons ont refroidi, pelez-les, retirez-en le pédoncule, les graines et les filaments blancs, et coupez la pulpe en lanières. Rangez celles-ci ainsi que les quartiers de citron dans un plat et arrosez-les avec la sauce. Servez bien frais.

tajines

tajines

arômes en vase clos

Qui dit « tajine » dit grand plat de cuisson en terre vernissée muni d'un haut couvercle conique. Cet ustensile aide à réussir les merveilleux plats mijotés auxquels il a donné son nom, mais il n'est pas indispensable. Utilisez une cocotte couverte en fonte ou en terre à feu, respectez bien les temps de cuisson et l'ordre d'addition des ingrédients.

1 petit bocal
Préparation : 25 min
Trempage : 2 h

50 g de piments secs
5 gousses d'ail
1 cuil. à soupe de graines de coriandre
1 cuil. à soupe de graines de cumin
1 cuil. à soupe de vinaigre
3 cuil. à soupe d'huile d'olive
sel

[harissa]

Mettez les piments dans une jatte d'eau froide et faites-les tremper 2 h.

Égouttez-les, retirez le pédoncule et les graines en vous protégeant les mains avec des gants de caoutchouc ou en travaillant sous l'eau froide.

Pelez les gousses d'ail et hachez-les. Rassemblez les piments, la coriandre, le cumin et l'ail et broyez le tout pour obtenir une pâte. Salez, incorporez le vinaigre et 2 cuillerées à soupe d'huile d'olive.

Versez la harissa dans un petit bocal en verre, couvrez avec le reste de l'huile, fermez et conservez 1 mois au maximum au réfrigérateur en prenant soin de couvrir d'huile après chaque utilisation.

[tajine d'agneau aux fruits]

6 personnes
Préparation : 15 min
Cuisson : 1 h 45

1 gros oignon
1,5 kg d'épaule d'agneau avec os
1 bâton de cannelle
1/2 cuil. à café de curcuma
2 pincées de gingembre en poudre
3 cuil. à soupe d'huile d'olive
400 g de pruneaux
3 cuil. à soupe de miel liquide
1 cuil. à café de cannelle en poudre
1 cuil. à soupe de graines de sésame
sel, poivre

Épluchez l'oignon et hachez-le. Mettez-le dans un tajine ou une cocotte avec la viande, le bâton de cannelle, le curcuma, la poudre de gingembre, l'huile d'olive, du sel et du poivre. Couvrez juste d'eau, portez à ébullition, puis réduisez le feu et laissez frémir 1 h 30, couvert à demi.

Ajoutez alors les pruneaux dans le tajine ou la cocotte, arrosez avec le miel et poudrez de cannelle. Laissez mijoter encore au moins 15 min, jusqu'à ce que la viande soit bien tendre.

Faites dorer les graines de sésame dans une petite poêle, sans matière grasse, et parsemez-en le plat. Servez très chaud.

Selon le même déroulé de recette, vous pouvez préparer d'autres variantes.

Pour un tajine aux dattes, remplacez les pruneaux par 250 g de dattes fraîches.

Pour réaliser un tajine aux poires, commencez par faire cuire la viande de la même façon et ajoutez le miel et la cannelle 15 min avant la fin de la cuisson ; pelez 6 poires, coupez-les en deux, retirez-en le cœur et les pépins, faites-les cuire à la poêle avec du beurre jusqu'à ce qu'elles soient légèrement caramélisées. Déposez-les sur la viande au moment de servir.

Pour un tajine aux pommes, procédez de la même façon que pour la recette aux poires, en faisant dorer les pommes à part, dans du beurre.

Vous pouvez remplacer les graines de sésame par des amandes entières mondées, grillées au beurre, ou encore mélanger sésame et amandes.

Vous pouvez également réaliser ces recettes avec du poulet ; dans ce cas, réduisez le temps de cuisson à 1 h.

[tajine d'agneau aux aubergines]

Épluchez les oignons et coupez-les en fines lamelles. Pelez les gousses d'ail et hachez-les. Écrasez le gingembre. Rincez, épongez soigneusement le persil et la coriandre, hachez-en les feuilles.

Mettez l'oignon, l'ail, le gingembre, le curcuma, le cumin, le persil et la coriandre dans un tajine ou une cocotte. Versez l'huile, ajoutez le beurre et faites chauffer doucement en mélangeant soigneusement. Ajoutez les morceaux d'agneau et remuez afin qu'ils soient enrobés de tous côtés. Salez et poivrez. Versez de l'eau à hauteur et portez à ébullition. Couvrez aux trois quarts, réduisez le feu et laissez cuire 1 h.

Pendant ce temps, lavez les aubergines, retirez-en le pédoncule, coupez-les en morceaux. Gardez ceux-ci en attente dans de l'eau salée.

Égouttez bien les aubergines, ajoutez-les dans la cocotte et arrosez-les de jus de citron, salez-les légèrement. Laissez cuire encore 30 min. Si la sauce vous paraît trop abondante, faites-la réduire. Servez ce tajine brûlant.

Vous pouvez également tailler les aubergines en rondelles, puis les faire dorer à part dans un peu d'huile chaude avant de les écraser à la fourchette et d'en couvrir la viande juste au moment de servir.

4 personnes
Préparation : 20 min
Cuisson : 1 h 40

2 oignons
2 gousses d'ail
1 lamelle de gingembre frais
2 branches de persil
2 branches de coriandre
1/2 cuil. à café de curcuma
3 pincées de cumin en poudre
2 cuil. à soupe d'huile
20 g de beurre
1 kg d'épaule d'agneau coupée en morceaux
1 kg d'aubergines
2 cuil. à soupe de jus de citron
sel, poivre

4 personnes
Préparation : 25 min
Cuisson : 50 min

50 g d'amandes mondées
80 g de beurre
80 g de semoule de couscous
1 cuil. à café de *ras al-hanout*
4 pigeons prêts à cuire
1 oignon
2 gousses d'ail
2 pincées de gingembre
1 dose de safran
1 bâton de cannelle
sel, poivre

[pigeons farcis aux amandes]

Faites dorer les amandes dans une poêle avec 20 g de beurre. Mettez-les dans le bol d'un robot et faites fonctionner l'appareil juste le temps de les hacher grossièrement.

Mélangez ces amandes concassées, la semoule, 10 g de beurre mou, le *ras al-hanout* et du sel, et farcissez-en les pigeons. Refermez l'ouverture avec une petite brochette ou du fil et une aiguille.

Pelez l'oignon et les gousses d'ail, hachez-les. Mélangez l'oignon, l'ail, le gingembre en poudre, la cannelle et le safran dans un tajine ou une petite cocotte. Déposez les pigeons farcis sur ce lit d'épices et d'aromates, salez et poivrez. Versez de l'eau à mi-hauteur et portez doucement à ébullition.

Ajoutez le reste du beurre, couvrez et laissez cuire 45 min à petits bouillons, jusqu'à ce que les pigeons soient très tendres.

Retirez alors le couvercle et laissez évaporer le liquide si la sauce n'est pas assez onctueuse. Roulez les pigeons dans la sauce épaisse qui s'est formée en les laissant dorer. Servez très chaud.

[marinade pour poisson]

Rincez, essorez soigneusement la coriandre, effeuillez-la. Pelez l'ail et coupez les gousses en deux. Pressez les citrons. Mettez les feuilles de coriandre et l'ail dans le bol d'un robot, salez, ajoutez 4 cuillerées à soupe d'eau et faites fonctionner l'appareil.

Versez le contenu du robot dans un plat creux, ajoutez le cumin, le paprika (ou le piment doux), le piment fort, le jus de citron et l'huile. Mélangez soigneusement.

1,5-2 kg de poisson
Préparation : 10 min

1 petit bouquet de coriandre
5 gousses d'ail
2 citrons
1 cuil. à café de cumin en poudre
1/2 cuil. à café de paprika ou de piment doux
1 pincée de piment fort
2 cuil. à soupe d'huile
sel

5-6 personnes
Préparation : 20 min
Cuisson : 1 h

1 poulet prêt à cuire de 1,6 kg
1 oignon
4 gousses d'ail
3 branches de persil
3 branches de coriandre
4 cuil. à soupe d'huile d'olive
40 g de beurre
2 pincées de gingembre
1 cuil. à café de curcuma
1/2 cuil. à café de cannelle en poudre
2 citrons confits (p. 40)
200 g d'olives violettes (si possible) cassées
sel, poivre

[tajine de poulet aux citrons et olives]

Coupez le poulet en morceaux. Pelez l'oignon et l'ail, hachez-les séparément. Rincez le persil et la coriandre, hachez-les finement.

Faites chauffer l'huile dans un tajine ou une cocotte, ajoutez le beurre et, lorsqu'il est bien mousseux, jetez-y l'oignon, le gingembre, le curcuma et la cannelle, salez et poivrez largement, remuez.

Déposez les morceaux de poulet dans la cocotte et retournez-les pour les enrober, puis faites-les dorer de tous côtés à feu vif.

Ajoutez l'ail, le persil et la coriandre hachés. Versez 30 cl d'eau, portez à ébullition, couvrez et laissez cuire 50 min à feu doux. Retirez le poulet, tenez-le au chaud.

Faites réduire la sauce. Coupez les citrons en quatre et ajoutez-les dans la sauce ainsi que les olives et les morceaux de poulet. Faites chauffer doucement et servez très chaud.

[tajine de kebab]

4 personnes
Préparation : 15 min
Cuisson : 1 h 30-2 h

700 g de côtes de gigot
1 oignon
2 gousses d'ail
1/2 cuil. à café de cumin en poudre
2-3 pincées de piment fort
3 branches de persil
50 g de beurre
1-2 citrons confits (p. 40)
sel, poivre

Coupez la viande en cubes d'environ 3 cm de côté. Pelez l'oignon et les gousses d'ail et hachez-les. Hachez le persil.

Mettez les morceaux de viande dans une sauteuse ou une petite cocotte, ajoutez l'oignon, l'ail, le cumin, le piment, le persil et le beurre, salez et poivrez. Couvrez juste d'eau et portez à ébullition. Réduisez le feu, mettez le couvercle et laissez cuire à petits frémissements 1 h 30-2 h, jusqu'à ce que la viande soit tendre.

Lorsque la viande est cuite, retirez le couvercle et laissez réduire le jus de cuisson jusqu'à ce qu'il prenne une consistance onctueuse. Versez la viande et sa sauce dans un tajine ou un plat creux. Garnissez avec 1 ou 2 citrons confits coupés en quatre.

Vous pouvez servir ce tajine tel quel ou, lorsque la cuisson est achevée, casser 4 œufs dans la sauce et les laisser pocher jusqu'à ce que le blanc soit pris.

[citrons confits au sel]

Préparation : 15 min
Trempage : 4 jours
Macération : 3 jours + 1 mois

citrons bien mûrs, non traités
gros sel

Brossez les citrons sous l'eau tiède, puis laissez-les tremper 4 jours dans de l'eau froide, en renouvelant celle-ci chaque jour.

Incisez les citrons en quatre, de haut en bas, en veillant à laisser les quartiers attachés au centre et aux extrémités. Déposez 2 pincées de gros sel dans les entailles, refermez les citrons et serrez-les le plus possible dans des bocaux stérilisés et secs. Ajoutez 1 cuillerée à soupe de gros sel. Fermez et laissez macérer 3 jours.

Si au bout de ce temps les citrons ne baignent pas dans leur jus, complétez avec de l'eau bouillante. Fermez et laissez confire 1 mois à l'abri de la lumière.

La farce pour kefta se prête à des usages très variés, par exemple pour farcir des légumes (courgettes, aubergines...). Il est préférable d'utiliser une viande de mouton pas trop maigre afin d'obtenir des boulettes moelleuses et savoureuses.

[tajine de kefta aux tomates]

4-5 personnes
Préparation : 30 min
Repos : 30 min
Cuisson : 1 h

Pour la kefta :
500 g d'agneau haché
1 cuil. à café de *ras al-hanout*
1/2 cuil. à café de cumin en poudre
1 cuil. à café de paprika ou de piment doux
2 cuil. à soupe de persil et de coriandre hachés
1 pincée de piment fort
sel, poivre

Pour le tajine :
2 oignons
4 gousses d'ail
100 g de beurre
2 grandes boîtes de tomates pelées
1/4 de cuil. à café de curcuma
1 cuil. à café de sucre
2-3 pincées de piment fort

Préparez la kefta : mélangez à la main tous les ingrédients, salez et poivrez. Laissez reposer au moins 30 min.

Pendant ce temps, pelez les oignons et les gousses d'ail, hachez-les finement. Faites fondre le beurre dans un tajine ou une sauteuse. Faites-y revenir les oignons et l'ail 5 min à feu doux, en remuant. Versez les tomates et leur jus, écrasez-les à la fourchette, ajoutez le curcuma, le sucre et le piment, salez légèrement, poivrez. Laissez mijoter 30 min, sans couvrir.

Prélevez des petits tas de viande hachée, roulez-les en petites boulettes d'environ 2 cm de diamètre. Plongez-les dans la sauce tomate, couvrez à demi et laissez cuire 20 min à petits frémissements. À la fin de la cuisson la sauce doit être assez épaisse ; si tel n'est pas le cas, retirez toutes les boulettes à l'aide d'une écumoire, faites réduire la sauce à feu vif, et remettez les boulettes dedans quelques secondes pour les réchauffer. Servez chaud.

Servez ce tajine tel quel ou, à la dernière minute, cassez 4 œufs dans la sauce et laissez-les pocher.

Cette recette peut être confectionnée avec de la viande de bœuf que vous choisirez un peu grasse — entrecôte ou basse côte. Vous pouvez également ajouter à la sauce 1 poignée d'amandes mondées et/ou 8 dattes dénoyautées. Ce plat peut être préparé à l'avance ; il suffira de le faire réchauffer doucement avant de servir.

[tajine de poisson]

4-6 personnes
Préparation : 15 min
Macération : 2 h au moins
Cuisson : 25 min

marinade pour poisson (p. 38)
1 daurade, 1 mulet ou 1 loup d'environ 1,5 kg, bien écaillé
1 lamelle de gingembre
1 dose de safran
2 cuil. à soupe d'huile
12 olives
1-2 citrons confits (p. 40)

Préparez la marinade pour poisson (p. 38).

Coupez les poissons en tranches d'environ 3 cm d'épaisseur, rincez-les et épongez-les soigneusement dans du papier absorbant. Mettez les morceaux de poisson dans le plat creux contenant la marinade, retournez-les pour qu'ils en soient parfaitement enrobés, couvrez et laissez-les macérer 2 h au moins au frais.

Pelez la lamelle de gingembre et râpez-la. Mélangez le gingembre avec le safran, l'huile et la marinade, versez dans une cocotte et faites cuire 10 min à feu doux.

Égouttez les morceaux de poisson, rangez-les dans la cocotte, couvrez et laissez cuire 8 min, sans porter à ébullition. Retournez les tranches de poisson à l'aide d'une spatule large et laissez cuire encore quelques minutes.

Déposez les tranches de poisson dans un plat de service, entourez-les des olives et des citrons confits coupés en quartiers. Faites réduire la sauce si elle est trop abondante avant de la verser sur le poisson. Servez aussitôt.

[tajine d'agneau aux oignons]

Mélangez la viande avec 1/2 cuillerée à soupe de cannelle, le curcuma, du sel et du poivre.

Faites chauffer 3 cuillerées à soupe d'huile d'olive dans un tajine ou une cocotte et, quand elle est bien chaude, faites-y revenir 10 min la viande épicée, en remuant avec une cuillère en bois. Versez 30 cl d'eau chaude sur la viande, couvrez et laissez frémir 1 h.

Pendant ce temps, épluchez tous les oignons et détaillez-les en rondelles. Faites chauffer le reste de l'huile dans une poêle et faites-y blondir les oignons, poudrez-les ensuite avec le sucre et le reste de la cannelle, mélangez bien.

Versez les oignons sur la viande, couvrez à demi et laissez mijoter environ 45 min, jusqu'à ce que la viande soit tendre.

À la fin de la cuisson, si la sauce n'est pas assez réduite, ôtez le couvercle et laissez évaporer le liquide pendant quelques instants. Servez ce tajine brûlant.

6 personnes
Préparation : 30 min
Cuisson : 2 h

1,5 kg d'épaule
ou de collier d'agneau
en morceaux
1 cuil. à soupe de cannelle
1 cuil. à café de curcuma
5 cuil. à soupe d'huile
d'olive
2 cuil. à soupe de sucre
1 kg d'oignons
sel, poivre

[cailles au raisin]

6 personnes
Préparation : 30 min
Cuisson : 45 min

2 oignons
1 gousse d'ail
6 belles cailles vidées, non bardées
80 g de beurre
1 kg de raisin blanc
10 cl de crème fraîche
sel, poivre

Pelez les oignons et hachez-les très finement. Pelez la gousse d'ail et passez-la au presse-ail. Salez et poivrez les cailles à l'intérieur et à l'extérieur.

Faites fondre 50 g de beurre dans une petite cocotte. Ajoutez les oignons et l'ail, salez et poivrez largement, mélangez. Déposez les cailles sur ce lit, versez 20 cl d'eau, couvrez à demi, et laissez cuire 30 min à feu moyen, en retournant les oiseaux à mi-cuisson. Découvrez ensuite totalement la cocotte et faites réduire le jus de cuisson des cailles.

Pendant ce temps, pelez les grains de raisin et épépinez-les. Faites fondre le reste du beurre dans une poêle, ajoutez les grains de raisin, mélangez et faites chauffer 5 min à feu doux.

Ajoutez la crème fraîche dans la cocotte, mélangez et laissez mijoter quelques minutes. Vérifiez l'assaisonnement.

Déposez les cailles et le raisin dans un plat, arrosez avec la sauce. Servez chaud.

[lapin aux épices]

4-6 personnes
Préparation : 10 min
Cuisson : 1 h 15

2 oignons
4 gousses d'ail
3 branches de persil
3 branches de coriandre
4 cuil. à soupe d'huile
1 bâton de cannelle
1 cuil. à soupe de *ras al-hanout*
3 pincées de gingembre en poudre
3 pincées de cumin en poudre
3 pincées de noix muscade en poudre
1 beau lapin, coupé en morceaux
sel, poivre

Pelez les oignons et les gousses d'ail, hachez-les finement. Rincez le persil et la coriandre, essorez-les et hachez-les. Mettez l'huile, les oignons, l'ail, les herbes hachées, la cannelle et le reste des épices dans une cocotte, salez et poivrez. Mélangez intimement.

Salez et poivrez les morceaux de lapin. Posez-les (sauf le foie) dans la cocotte, arrosez avec 50 cl d'eau et portez doucement à ébullition.

Couvrez aux trois quarts, réduisez le feu et laissez frémir 1 h au moins, en ajoutant le foie 10 min avant la fin de la cuisson. Faites réduire la sauce si elle est trop abondante. Servez très chaud.

4-5 personnes
Préparation : 15 min
Cuisson : 1 h 30

3 poignées de raisins secs
80 g de semoule de couscous
2 cuil. à café de *ras al-hanout*
1 cuil. à café de cannelle en poudre
3 cuil. à soupe de miel
20 g de beurre salé
1 poulet prêt à cuire de 1,4 kg
1 oignon haché
1 lamelle de gingembre
1 bâton de cannelle
2 cuil. à soupe d'huile
30 g de beurre doux
1 cuil. à café de curcuma
sel, poivre

[poulet farci à la semoule et aux raisins]

Mettez les raisins à tremper dans un bol d'eau tiède. Arrosez la semoule avec 2 cuillerées à soupe d'eau. Mélangez les raisins avec la semoule, les épices en poudre, 1 cuillerée à soupe de miel, du sel, du poivre et le beurre salé. Farcissez le poulet et cousez-le.

Mettez l'oignon, le gingembre, le bâton de cannelle, du sel, du poivre et l'huile dans un tajine ou une cocotte. Déposez-y le poulet, tartinez-le de beurre, versez de l'eau à mi-hauteur et portez à ébullition. Couvrez et laissez cuire environ 1 h 30.

Poudrez le poulet de curcuma, arrosez-le du restant de miel, tournez-le dans la sauce épaisse à plusieurs reprises en le laissant dorer. Servez très chaud.

couscous & brochettes

couscous & brochettes

un plat universel

Connaît-on assez bien le couscous ? À force de le rencontrer partout, on finit par oublier ce qu'il a de miraculeux. C'est un plat parfait, diététiquement équilibré, dont on ne se lasse pas. Ses variations sont infinies, entre viandes, poissons, légumes et aromates ; il peut être sec, saturé de bouillon, fortement épicé ou doux et sucré. On peut en farcir des volailles ou le déguster en dessert.

4 personnes
Préparation : 15 min
Macération : 3-4 h
Cuisson : 5-8 min

800 g d'entrecôte
2 oignons
3 branches de persil
sel, poivre

[kebab au bœuf]

Retirez la peau grasse de l'entrecôte avec un couteau bien effilé avant de détailler la viande en cubes de 2 cm de côté.

Pelez les oignons et hachez-les finement. Rincez, épongez le persil dans du papier absorbant et hachez-en les feuilles.

Mettez la viande, les oignons et le persil dans une jatte. Salez et poivrez. Mélangez longuement le tout à la main, puis laissez macérer 3-4 h au frais.

Quelques instants avant la cuisson, enfilez les morceaux de viande sur 4 brochettes. Saisissez-les à feu vif, sur un gril en fonte très chaud, sous le gril du four ou sur la grille du barbecue. Laissez cuire les brochettes 5-8 min selon le degré de cuisson désiré, en les tournant régulièrement.

Les Marocains intercalent un morceau de gras entre les cubes de viande, ce que vous pouvez faire si vous utilisez du filet.

[poisson farci aux épinards]

4-5 personnes
Préparation : 20 min
Macération : 2 h
Cuisson : 50 min

marinade pour poisson (p. 38)
1 poisson de 1,5 kg (daurade, pageot ou loup), bien écaillé et vidé
500 g d'épinards frais
1 citron confit au sel (p. 40)
4 cuil. à soupe d'huile
1/2 cuil. à café de curcuma
4 cuil. à soupe de jus de citron
1/2 cuil. à café de sucre
sel, poivre

Pour la graine de couscous :
500 g de semoule de couscous
3 cuil. à soupe d'huile
70 g de beurre

Préparez la marinade pour poisson (p. 38). Rincez et essuyez le poisson, roulez-le dans la marinade et laissez-le macérer 2 h au frais.

Équeutez les épinards, lavez-les, mettez-les dans le compartiment perforé du couscoussier, couvrez et laissez cuire 10 min. Égouttez-les. Coupez le citron confit en petits dés. Faites chauffer le four à 200 °C (th. 6-7). Pressez bien les épinards entre vos mains et mélangez-les avec les dés de citron confit et le sucre. Farcissez le poisson de ce mélange, cousez-le ou ficelez-le.

Versez la moitié de l'huile dans un plat long, couchez-y le poisson, arrosez-le avec le reste de l'huile, ajoutez 3 cuillerées à soupe d'eau, salez, poivrez. Délayez le curcuma et 3 pincées de sel avec 2 cuillerées à soupe d'eau et le jus de citron, arrosez-en le poisson. Faites cuire au four 35-40 min.

Pendant ce temps, procédez à la cuisson de la graine de couscous (p. 60) et incorporez-y le beurre.

Le poisson farci aux dattes et aux amandes est une variante de ce plat. Faites dorer 1 gros oignon haché avec 1 cuillerée à soupe d'huile, puis 50 g d'amandes mondées à part et sans matière grasse. Mixez l'oignon, les amandes et 100 g de dattes dénoyautées, ajoutez 30 g de beurre demi-sel, 1 cuillerée à soupe de jus de citron, 2 pincées de noix muscade, 2 doses de safran et 1 pincée de coriandre en poudre, salez, poivrez copieusement. Farcissez le poisson de ce mélange et faites cuire au four. Servez entouré d'amandes effilées grillées.

[couscous aux pigeonneaux]

Mélangez le miel, 2 cuillerées à café de cannelle, le safran, du poivre et du sel et enduisez les pigeons de ce mélange.

Épluchez les oignons et coupez-les en lamelles fines. Déposez-les dans le compartiment inférieur du couscoussier avec le bâton de cannelle et les clous de girofle, poudrez de gingembre, salez et poivrez largement. Posez les pigeons sur ce lit d'aromates et d'épices. Versez 1,5 litre d'eau, portez à ébullition, puis laissez frémir 30 min.

Procédez à la cuisson du couscous avec 25 cl d'eau (p. 60). Faites tremper les raisins secs dans un peu d'eau tiède additionnée d'eau de fleur d'oranger. Rincez les abricots.

Après 30 min de cuisson, laissez les pigeons mijoter à feu doux mais prélevez les oignons à l'aide d'une écumoire et mettez-les dans une casserole avec 1 louche de bouillon de cuisson, 20 g de beurre, le sucre et 1 cuillerée à café de cannelle en poudre. Faites-les revenir à feu moyen jusqu'à ce qu'ils soient bien confits. Égouttez les raisins, ajoutez-les aux oignons ainsi que les abricots, mélangez et laissez le liquide s'évaporer totalement.

Faites chauffer l'huile dans une poêle et faites-y dorer les amandes. Égouttez-les sur du papier absorbant.

Déposez en couches successives, en forme de pyramide, dans un grand plat creux, de la graine de couscous, des oignons, des raisins et des abricots, les pigeons coupés en deux, de la sauce, du couscous, etc., en terminant par la semoule. Poudrez du reste de cannelle et parsemez d'amandes frites.

4 personnes
Préparation : 30 min
Cuisson : 1 h

2 cuil. à soupe de miel
4 cuil. à café de cannelle en poudre
1 dose de safran
4 pigeonneaux vidés
1 kg d'oignons
1 bâton de cannelle
4 clous de girofle
1/2 cuil. à café de gingembre en poudre
100 g de raisins secs
1 cuil. à soupe d'eau de fleur d'oranger
150 g d'abricots secs
20 g de beurre
1 cuil. à soupe de sucre
1 cuil. à soupe d'huile
100 g d'amandes mondées
sel, poivre

Pour la graine de couscous :
500 g de semoule de couscous
50 g de beurre
3 cuil. à soupe d'huile

[brochettes de kefta]

4 personnes
Préparation : 20 min
Macération : 2 h au moins
Cuisson : 8 min

1 oignon
2 feuilles de menthe
500 g d'entrecôte hachée
1 cuil. à café de *ras al-hanout*
1/2 cuil. à café de cumin en poudre
1 cuil. à café de paprika ou de piment doux
2 cuil. à soupe de persil et de coriandre hachés
1 pincée de piment fort
sel, poivre

Pelez l'oignon et hachez-le finement ainsi que les feuilles de menthe. Mélangez la viande hachée, l'oignon, toutes les épices et les herbes hachées, salez et poivrez. Pétrissez le tout à la main. Laissez macérer 2 h au moins au réfrigérateur.

Humectez vos mains et prenez la viande préparée, par portions grosses comme un œuf. Roulez-les entre vos mains, puis moulez-les autour de brochettes, en leur donnant la forme de petites saucisses. Si les brochettes sont suffisamment longues, placez-en 3 sur chacune.

Posez les brochettes sur la grille au-dessus du barbecue ou sous le gril du four et laissez-les cuire environ 8 min, en les tournant régulièrement. Servez avec des salades assorties.

Vous pouvez préparer des brochettes semblables avec de la viande d'agneau.

[gigot d'agneau farci]

6 personnes
Préparation : 15 min
Cuisson : 1 h

100 g de semoule de couscous
1 cuil. à soupe d'amandes mondées
1 petit oignon
30 g de beurre
1 cuil. à soupe de raisins secs
1 pincée de gingembre en poudre
1 dose de safran
1 gigot d'agneau de 2 kg, désossé
sel, poivre

Arrosez la semoule avec 3 cuillerées à soupe d'eau salée. Hachez grossièrement les amandes. Pelez l'oignon et râpez-le.

Lorsque la semoule a absorbé toute l'eau, ajoutez 10 g de beurre coupé en petits dés, les amandes, les raisins, l'oignon, le gingembre et le safran. Salez et poivrez. Malaxez bien et farcissez-en le gigot ; ficelez celui-ci comme un rôti.

Faites chauffer le four à 225 °C (th. 7-8). Badigeonnez le gigot du reste du beurre. Posez-le sur une grille, au-dessus d'un plat, versez 3 cuillerées à soupe d'eau dans le plat, mettez au four et laissez cuire 1 h.

[couscous aux oignons et raisins secs]

Mettez 1 bonne cuillerée à soupe d'oignons dans la partie inférieure du couscoussier avec la viande, le beurre, le curcuma, le *ras al-hanout*, du sel, du poivre et 2 litres d'eau. Portez à ébullition et laissez frémir 1 h. Faites cuire la graine de couscous avec 20 cl d'eau (p. 60). Égouttez et rincez les pois chiches.

Après 1 h de cuisson de la viande, ajoutez dans la partie inférieure du couscoussier les raisins secs, le reste des oignons et les pois chiches. Laissez cuire encore 30 min. Faites éventuellement réduire la sauce si elle n'est pas suffisamment onctueuse. Servez brûlant.

4 personnes
Préparation : 20 min
Cuisson : 1 h 30

700 g d'oignons hachés surgelés
1 kg d'agneau avec os, coupé en morceaux
50 g de beurre
1 cuil. à café de curcuma
2 cuil. à soupe de *ras al-hanout*
1 boîte de pois chiches
300 g de raisins secs
sel, poivre

Pour la graine de couscous :
400 g de semoule de couscous
60 g de beurre
3 cuil. à soupe d'huile

4 personnes
Préparation
et cuisson : 20 min
Macération : 1 h au moins

800 g d'espadon ou de lotte
marinade pour poisson
(p. 38)
3 branches de persil

[brochettes de poisson]

Rincez le poisson, essuyez-le soigneusement dans du papier absorbant et coupez-le en dés.

Préparez la marinade pour poisson (p. 38). Rincez et essorez le persil, hachez-en les feuilles et ajoutez-les à la marinade.

Mélangez les dés de poisson avec la marinade et laissez macérer 1 h au moins au réfrigérateur.

Retirez les morceaux de poisson de la marinade, enfilez-les sur 4 brochettes, et faites griller celles-ci sur un gril en fonte chaud, sous le gril du four ou sur la grille du barbecue, en les tournant le plus régulièrement possible.

Servez les brochettes chaudes avec des pommes de terre cuites à la vapeur et une salade croquante.

[poisson farci au couscous]

5-6 personnes
Préparation : 20 min
Cuisson : 40 min

100 g de semoule de couscous
50 g d'amandes mondées
30 g de beurre
75 g de raisins secs
80 g de sucre
1 cuil. à café de cannelle en poudre
2 pincées de gingembre en poudre
3 pincées de curcuma
1 poisson de 2 kg, vidé par les ouïes (daurade, loup, pageot)
4 cuil. à soupe d'huile
sel

Arrosez la semoule avec 10 cl d'eau bouillante salée et laissez gonfler. Faites dorer les amandes avec 10 g de beurre, hachez-les grossièrement.

Faites fondre le reste du beurre. Lorsque la semoule a absorbé toute l'eau, travaillez-la avec la main pour séparer les grains, ajoutez le beurre fondu, la moitié des raisins, les amandes, 20 g de sucre, la moitié de la cannelle, le gingembre et le curcuma. Mélangez délicatement.

Rincez le poisson, essuyez-le bien dans du papier absorbant et farcissez-le (sans oublier la tête) avec la semoule parfumée.

Faites chauffer le four à 170 °C (th. 5-6).

Portez à ébullition 3 cuillerées à soupe d'huile, le reste de la cannelle, du sucre et des raisins, 1 pincée de sel et 20 cl d'eau. Laissez frémir 5 min. Déposez le poisson dans un plat long huilé. Arrosez avec le contenu de la casserole et faites cuire 40 min au four.

[cuisson du couscous]

6 personnes
Préparation et cuisson : 1 h

600 g de semoule de couscous prête à cuire
4 cuil. à soupe d'huile
100 g de beurre
sel

Passez la semoule sous l'eau froide, étalez-la dans un grand plat en séparant les grains. Mettez-la dans la partie haute du couscoussier, sur la marmite où cuisent viande et légumes, et appliquez un torchon sur la jointure. Ne couvrez pas.

Lorsque la vapeur passe abondamment à travers la semoule, versez celle-ci dans le grand plat. Arrosez d'huile, puis de 30 cl d'eau, en travaillant avec les mains.

Lorsque le liquide a été absorbé, remettez la semoule dans le couscoussier. Laissez cuire à découvert jusqu'à ce que la vapeur s'échappe abondamment. Versez dans un plat, salez et incorporez le beurre en dés.

Les raisins et les oignons parfumés à la cannelle donnent une douceur originale à ce couscous classique, toujours apprécié, hiver comme été. Les amandes apportent une touche de richesse et de raffinement.

[couscous d'agneau et de poulet aux légumes]

6 personnes
Préparation : 1 h
Cuisson : 1 h 40

3 carottes
3 courgettes
2 poivrons rouges
3 petits navets
1 kg d'oignons
4 branches de coriandre
3 cuil. à soupe d'huile
800 g d'épaule d'agneau coupée en morceaux
6 hauts de cuisse de poulet
20 cl de coulis de tomates
2 cuil. à soupe de *ras al-hanout*
1 cuil. à soupe de curcuma
4 clous de girofle
150 g de raisins secs
2 cuil. à soupe d'eau de fleur d'oranger
4 cuil. à soupe de pois chiches en boîte
20 g de beurre
1 cuil. à soupe de sucre
1 cuil. à café de cannelle en poudre
100 g d'amandes mondées
sel, poivre

Pour la graine de couscous :
600 g de semoule de couscous
100 g de beurre
4 cuil. à soupe d'huile

Grattez les carottes, coupez-les en tronçons ainsi que les courgettes. Retirez le pédoncule, les graines et les filaments blancs des poivrons et coupez la pulpe en dés. Épluchez les navets et coupez-les en morceaux. Pelez les oignons et coupez-les en lamelles fines. Hachez la coriandre.

Faites chauffer 2 cuillerées à soupe d'huile dans la marmite du couscoussier. Faites-y revenir l'agneau, le poulet et les oignons. Salez, poivrez, ajoutez la coriandre, le coulis de tomates, le *ras al-hanout*, le curcuma et le girofle. Couvrez largement d'eau froide, portez à ébullition et laissez cuire 45 min.

Faites tremper les raisins dans de l'eau tiède additionnée d'eau de fleur d'oranger. Faites cuire la semoule de couscous (p. 60).

Après 45 min de cuisson, retirez les oignons à l'aide d'une écumoire et mettez-les dans une passoire. Ajoutez aux viandes les carottes, les courgettes, les navets et les poivrons, laissez cuire encore 45 min, en ajoutant les pois chiches après 30 min.

Faites revenir les oignons avec le beurre, le sucre et la cannelle jusqu'à ce qu'ils soient confits. Ajoutez les raisins égouttés et laissez caraméliser. Faites dorer les amandes dans le reste de l'huile.

Déposez la semoule en couronne dans un plat, arrosez de 1 louche de sauce, mettez les viandes au centre, couvrez avec les oignons et les raisins. Parsemez d'amandes grillées.

[couscous aux sept légumes]

6 personnes
Préparation : 30 min
Cuisson : 1 h 45

- 5 oignons
- 3 gousses d'ail
- 1/2 chou blanc
- 750 g de jarret de veau coupé en morceaux
- 80 g de beurre
- 1/2 cuil. à café de curcuma
- 4 carottes
- 3 navets
- 400 g de chair de potiron
- 2 aubergines
- 3 tomates
- 1 petit piment frais
- 2 branches de coriandre
- 1/2 boîte de pois chiches
- sel, poivre

Pour la graine de couscous :

- 600 g de semoule de couscous
- 100 g de beurre
- 4 cuil. à soupe d'huile

Pelez les oignons et l'ail, coupez-les en lamelles. Coupez le demi-chou en quatre. Mettez la viande dans la partie basse du couscoussier avec la valeur de 2 oignons, le chou et 80 g de beurre. Salez et poivrez. Ajoutez le curcuma. Arrosez avec 3 litres d'eau. Portez à ébullition et laissez cuire 45 min.

Grattez les carottes, pelez les navets, coupez ces légumes en morceaux ainsi que le potiron, les aubergines et les tomates. Retirez le pédoncule et les graines du piment et coupez-le en rondelles. Rincez, épongez la coriandre, hachez-en les feuilles. Ajoutez les carottes, les navets, le potiron, les aubergines, les tomates, le reste des oignons, le piment et la coriandre dans la marmite et laissez cuire 1 h.

Parallèlement, faites cuire la graine de couscous (p. 60).

Égouttez les pois chiches et ajoutez-les dans la marmite 15 min avant la fin de la cuisson. Vérifiez l'assaisonnement du bouillon.

Faites réchauffer la semoule quelques minutes dans la partie haute du couscoussier, sans couvrir. Disposez-la dans un grand plat rond, puis arrosez-la avec autant de bouillon qu'elle peut en absorber. Formez un puits au centre, déposez-y la viande et les légumes. Versez le reste du bouillon dans une jatte et présentez-le à part, bien chaud.

[couscous au poisson]

6 personnes
Préparation : 25 min
Cuisson : 40 min

2 oignons
10 gousses d'ail
6 cuil. à soupe d'huile
50 cl de coulis de tomates
3 pincées de girofle en poudre
1/2 cuil. à café de cumin en poudre
1/2 cuil. à café de curcuma
1 branche de thym
1 feuille de laurier
1 petit piment sec
800 g de lotte coupée en morceaux
600 g de mérou coupé en morceaux
sel, poivre

Pour la graine de couscous :
600 g de semoule de couscous moyen
100 g de beurre
4 cuil. à soupe d'huile

Pelez les oignons et les gousses d'ail. Coupez les oignons en lamelles fines, hachez finement l'ail. Faites chauffer 5 cuillerées à soupe d'huile dans un faitout. Faites-y fondre les oignons et l'ail 5 min, sans les laisser blondir, et en remuant. Ajoutez le coulis de tomates, le girofle, le cumin, le curcuma, le thym, le laurier et le piment. Salez et poivrez. Mélangez, versez 30 cl d'eau, portez à ébullition et laissez mijoter 30 min.

Pendant ce temps, procédez à la cuisson de la graine de couscous (p. 60) et laissez-la en attente.

Faites chauffer 1 cuillerée à soupe d'huile dans une poêle à revêtement antiadhésif. Faites-y revenir la lotte 5 min à feu vif, puis éteignez le feu et laissez-la rendre son eau.

Égouttez bien les morceaux de lotte, plongez-les dans la sauce ainsi que les morceaux de mérou, laissez-les cuire 10 min à petits frémissements.

Faites chauffer la semoule dans la partie haute du couscoussier. Versez-la en dôme dans un plat de service et arrosez-la de 1 louche de sauce. Égouttez les morceaux de poisson et déposez-les autour de la graine de couscous. Retirez de la sauce le piment, la branche de thym et la feuille de laurier, et versez-la dans une jatte. Servez très chaud.

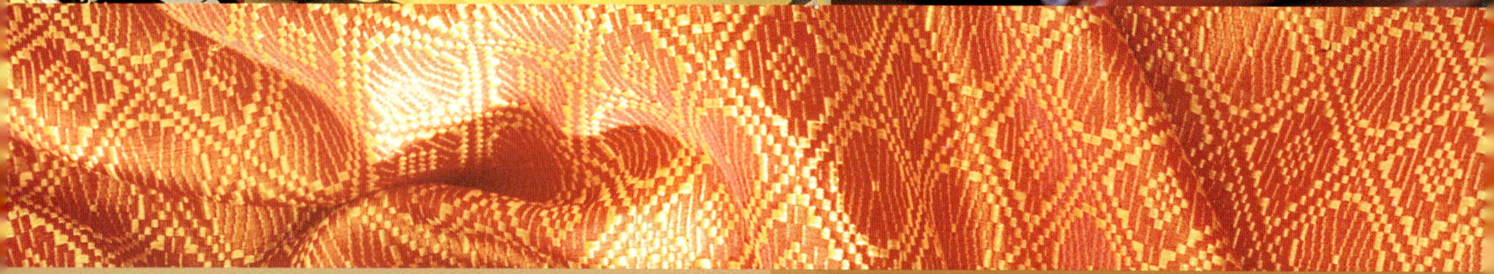

[farce au couscous pour une volaille]

Préparation : 15 min
Cuisson : 45 min

200 g de semoule de couscous
20 g de beurre
50 g d'amandes mondées
1 cuil. à café d'huile
40 g de raisins secs
2 cuil. à soupe de sucre
3 pincées de curcuma
1 cuil. à café de cannelle en poudre
2 pincées de gingembre en poudre

Faites cuire la semoule 2 fois à la vapeur, avec 10 cl d'eau (p. 60). Parsemez-la du beurre coupé en dés et travaillez légèrement avec les mains. Faites dorer les amandes dans l'huile chaude. Rincez les raisins.

Mélangez la semoule bien imprégnée de beurre avec les amandes, les raisins égouttés, poudrez de sucre, de curcuma, de cannelle et de gingembre en poudre. Farcissez la volaille de ce mélange et cousez l'ouverture.

Vous pouvez augmenter ou diminuer les quantités selon la taille de la volaille à farcir.

La ville de Fès a vu naître, dit-on, la plus délicieuse tradition culinaire du Maroc. Enrichie d'apports andalous, berbères, juifs, elle se caractérise par un mélange harmonieux, jamais excessif, des épices. Elle possède un secret : le temps. Elle vient d'un âge, pas tout à fait révolu, où épouses, mères, cuisinières et domestiques ne comptaient pas les heures qu'elles passaient à préparer leurs festins.

[poulet à la vapeur]

Rincez et essorez le persil et la coriandre, hachez-en finement les feuilles. Mélangez ces herbes avec toutes les épices, salez et poivrez. Frottez-en le poulet de toutes parts puis introduisez le reste à l'intérieur. Enveloppez la volaille dans de la gaze.

Posez 2 branches de thym dans la partie perforée du couscoussier. Posez la volaille dessus et déposez 2 autres branches par-dessus. Ajustez le compartiment perforé sur la partie inférieure du récipient contenant un tiers d'eau bouillante. Couvrez, réduisez le feu pour obtenir un bouillonnement léger et laissez cuire 1 h 15.

Lorsque le poulet est bien cuit, faites fondre le beurre dans une poêle et faites-y dorer le poulet de tous côtés. Servez sans attendre avec les coupelles de sel et de cumin.

Vous pouvez faire pareillement une épaule d'agneau : frottez-la avec les épices, sans les herbes. Lorsqu'elle est très tendre, faites-la dorer dans le beurre ou parsemez-la de coriandre hachée et laissez cuire encore 15 min.

4-5 personnes
Préparation : 20 min
Cuisson : 1 h 30

4 branches de persil
4 branches de coriandre
1 cuil. à café de curcuma
1 cuil. à café de cumin
1 cuil. à café de paprika
1 cuil. à café de poivre noir moulu
1,5 cuil. à café de sel
1 poulet de grain, d'environ 1,3 kg, prêt à cuire
4 branches de thym
50 g de beurre

Pour servir :
des coupelles de sel
et de cumin

[couscous sfa]

Faites dorer les amandes dans l'huile chaude, égouttez-les sur du papier absorbant, puis passez-les au robot pour les hacher grossièrement.

Faites cuire 2 fois la semoule dans la partie haute du couscoussier, au-dessus de 2 litres d'eau bouillante (p. 60), avec 20 cl d'eau. Aérez-la bien avec une fourchette avant d'y incorporer le beurre coupé en petits morceaux.

Versez la moitié de la semoule dans un plat, déposez les amandes dessus, puis recouvrez avec le reste de la semoule. Décorez de sucre et de cannelle.

Servez avec des bols de lait et des coupelles de sucre glace et de cannelle.

6 personnes
Préparation : 20 min
Cuisson : 45 min environ

100 g d'amandes mondées
1 cuil. à soupe d'huile
400 g de semoule de couscous fine
75 g de beurre
1 grosse cuil. à soupe de sucre
1/2 cuil. à café de cannelle

Pour servir :
1 litre de lait cru
sucre glace
cannelle en poudre

6 personnes
Préparation : 15 min
Cuisson : 1 h

100 g de beurre demi-sel
3 cuil. à café de cumin
2 cuil. à café de piment doux ou de paprika
1 épaule d'agneau désossée, non roulée
3 branches de thym

[épaule d'agneau en méchoui]

Mélangez le beurre avec 2 cuillerées à café de cumin et 1 cuillerée à café de piment. Tartinez l'épaule, à l'intérieur, avec la moitié de ce mélange, puis roulez-la et ficelez-la. Frottez l'extérieur avec un peu du mélange. Embrochez la viande et faites cuire 1 h à la rôtissoire.

Faites fondre le reste du beurre aux aromates. Ficelez les branches de thym et, en cours de cuisson, badigeonnez régulièrement la viande de beurre fondu à l'aide de ce petit balai de thym.

Si vous disposez d'un grand four, vous pouvez y faire cuire un quartier d'agneau non désossé, en le beurrant également régulièrement.

Le méchoui, mouton entier cuit à la broche, en plein air, ne peut être servi qu'à un nombre important de convives. En ville, pour des tablées réduites, il est plus facile de rôtir un quartier d'agneau au four ou un gigot.

pastillas & briouats

pastillas & briouats

le feuilleté céleste

La pastilla est un monument de la cuisine arabo-andalouse. Sa préparation est longue mais pas si difficile qu'il y paraît, et elle vaut la peine d'être tentée pour recevoir des amis qui s'en souviendront toute leur vie. Il en existe des versions simplifiées ou miniaturisées, par exemple les délicieux *briouats* qu'on appelle aussi les « pastillas du pauvre ».

[montage de la pastilla]

Beurrez légèrement 6 feuilles de brick, sur une face seulement. Déposez-les dans le moule en les faisant chevaucher. Ajoutez-en 2 autres, beurrées également, l'une par-dessus l'autre au fond.

Garnissez avec la moitié de la chair des oiseaux, de la sauce et des amandes. Posez 3 feuilles de brick beurrées et badigeonnées de jaune d'œuf battu avec un peu d'eau sur le pourtour, en les faisant chevaucher. Appuyez légèrement pour sceller les bords.

Déposez le reste de chair, de sauce et d'amandes. Terminez par 4 feuilles beurrées en faisant rentrer le surplus à l'intérieur du moule. Badigeonnez de beurre.

[pastilla aux pigeons]

6 personnes
Préparation : 1 h
Cuisson : 2 h

600 g d'oignons
1 bouquet de persil plat
6 branches de coriandre
4 pigeons vidés
3 cuil. à soupe d'huile
30 g de beurre
2 cuil. à soupe de *ras al-hanout*
2 doses de safran
200 g d'amandes mondées
3 cuil. à soupe de sucre
5 œufs
cannelle en poudre
sucre glace, sel, poivre

Pour le montage :
100 g de beurre
1 jaune d'œuf
15 feuilles de brick

Pelez les oignons, hachez-les finement de même que le persil et la coriandre. Salez et poivrez les pigeons.

Faites chauffer 2 cuillerées à soupe d'huile dans une cocotte, ajoutez 30 g de beurre et faites-y dorer les pigeons de tous côtés. Retirez-les et, à la place, faites blondir rapidement les oignons, ajoutez les herbes hachées, les épices, salez et poivrez largement. Versez 15 cl d'eau, remettez les pigeons dans la cocotte, couvrez et laissez cuire 1 h à feu doux, en retournant les oiseaux à mi-cuisson.

Pendant ce temps, faites chauffer le reste de l'huile dans une poêle, faites-y dorer les amandes puis hachez-les finement. Mélangez-les avec le sucre et 2 cuillerées à café de cannelle en poudre.

Lorsque les pigeons sont bien tendres, retirez-les de la cocotte, désossez-les et coupez la chair en morceaux. Cassez les œufs, battez-les à la fourchette puis, hors du feu, versez-les dans la cocotte en mélangeant vivement. Remettez sur feu doux et continuez à remuer quelques minutes pour obtenir une sauce crémeuse.

Faites chauffer le four à 200 °C (th. 6-7).

Faites fondre 100 g de beurre, versez-le dans une tasse en éliminant le dépôt blanc. Beurrez un moule à manqué de 24 cm de diamètre à fond amovible puis procédez au montage de la pastilla (p. 75).

Enfournez la pastilla et laissez cuire 30 min jusqu'à ce qu'elle soit bien dorée. Démoulez-la, poudrez-la légèrement de sucre glace, puis décorez d'un peu de cannelle en utilisant un pochoir.

[pastilla au lait et aux amandes]

6-8 personnes
Préparation et cuisson : 1 h

50 cl de lait
4 jaunes d'œufs + 1 œuf
200 g de sucre
50 g de fécule
1 cuil. à soupe d'eau de fleur d'oranger
70 g de beurre
250 g d'amandes mondées
1 cuil. à soupe de cannelle
12 feuilles de brick
huile pour friture

Faites chauffer le lait. Battez les jaunes d'œufs et l'œuf entier avec 100 g de sucre. Incorporez la fécule. Versez le lait bouillant sur la préparation en remuant vivement, reversez le tout dans la casserole, portez à ébullition en remuant sans arrêt. Faites bouillir 3 min. Retirez du feu, ajoutez l'eau de fleur d'oranger, puis 50 g de beurre coupé en morceaux, et mélangez jusqu'à ce que celui-ci soit bien incorporé. Laissez tiédir.

Faites dorer les amandes avec le reste du beurre, puis passez-les rapidement au robot pour les hacher grossièrement, sans les réduire en poudre. Mélangez-les avec le reste du sucre et la cannelle.

Faites chauffer de l'huile pour friture dans une grande poêle, faites-y dorer quelques secondes les feuilles de brick, 2 par 2. Égouttez-les sur du papier absorbant.

Un peu avant de servir, faites chauffer le four à 100 °C (th. 2-3). Posez 2 feuilles de brick sur un plat supportant la chaleur. Garnissez d'un peu de crème, parsemez avec des amandes. Recouvrez avec 2 autres feuilles de brick, garnissez de crème, puis d'amandes. Continuez ainsi jusqu'à épuisement, en terminant par 2 feuilles de brick. Mettez au four et laissez tiédir quelques minutes.

[briouats au poisson]

4 personnes
Préparation et cuisson : 25 min

250 g de filets de poisson blanc
3 branches de persil
2 gousses d'ail
2 pincées de piment doux
2 pincées de cumin en poudre
1 cuil. à café de jus de citron
1 cuil. à café d'huile
4 feuilles de brick
1 blanc d'œuf
huile pour friture
sel

Pour servir :
3 cuil. à soupe de jus de citron
piment en poudre

Mettez les filets de poisson dans une casserole d'eau froide salée, faites chauffer doucement jusqu'au point d'ébullition, couvrez, retirez du feu et laissez tiédir.

Rincez les branches de persil, essorez-les et hachez-en les feuilles. Pelez les gousses d'ail et passez-les au presse-ail.

Égouttez les filets de poisson, effeuillez-les, mettez cette chair dans une terrine avec le persil, l'ail, le piment doux, le cumin, le jus de citron et l'huile, salez puis mélangez le tout.

Déposez un quart de cette farce au centre de chaque feuille de brick, rabattez la base puis les deux côtés. Badigeonnez le haut de blanc d'œuf et rabattez-le également.

Faites chauffer de l'huile pour friture dans une grande poêle, faites-y cuire les *briouats* 2 min de chaque côté, jusqu'à ce qu'ils soient dorés. Égouttez-les sur du papier absorbant. Servez chaud avec le jus de citron mélangé avec plus ou moins de piment en poudre, selon votre goût.

[briouats aux merguez]

4 personnes
Préparation et cuisson : 20 min

8 merguez
8 feuilles de brick
1 petit blanc d'œuf
huile pour friture
harissa (p. 33)

Déposez 1 merguez au tiers de chaque feuille de brick. Rabattez la base, puis les deux côtés et roulez ensuite la feuille, en serrant bien, jusqu'au dernier quart.

Battez légèrement le blanc d'œuf à la fourchette pour le liquéfier. Badigeonnez-en la partie de brick restée libre, puis finissez de rouler la feuille en appuyant pour bien la sceller.

Faites chauffer l'huile pour friture. Plongez-y les *briouats* par petites quantités à la fois et laissez-les dorer quelques minutes. Égouttez-les sur du papier absorbant et servez-les sans attendre avec de la harissa.

[briouats aux crevettes]

Faites fondre 10 g de beurre dans une petite casserole. Ajoutez la farine et mélangez 30 secondes en remuant avec une cuillère en bois. Arrosez peu à peu avec le lait, en remuant sans cesse. Portez à ébullition, toujours en remuant, et laissez cuire 1 min à feu doux. Salez et poivrez, ajoutez 2-3 pincées de piment en poudre.

Ajoutez les crevettes à la sauce et mélangez, laissez tiédir.

Déposez un quart de cette farce aux crevettes au centre de chaque feuille de brick et pliez en « petite lettre » de 8-9 cm de côté (p. 89).

Faites chauffer l'huile, ajoutez le reste du beurre. Lorsque celui-ci est bien mousseux, faites-y dorer les *briouats* environ 2 min de chaque côté. Retirez-les à l'aide d'une large spatule à trous et égouttez-les sur du papier absorbant. Servez brûlant.

4 personnes
Préparation
et cuisson : 25 min

30 g de beurre
10 g de farine
20 cl de lait
175 g de crevettes décortiquées
4 feuilles de brick
1 cuil. à soupe d'huile
piment en poudre
sel, poivre

7-8 crêpes
Préparation : 5 min
Repos : 2 h
Cuisson : 2-3 min par crêpe

200 g de farine
200 g de semoule
1 sachet de levure
de boulanger lyophilisée
1/2 cuil. à café de sel
1 cuil. à soupe d'huile

Pour servir :
beurre, miel,
cannelle en poudre

[crêpes aux mille trous]

Mélangez tous les ingrédients, sauf l'huile, versez environ 60 cl d'eau tiède et remuez pour obtenir une pâte fluide comme une pâte à crêpes. Couvrez et laissez reposer 2 h au chaud.

Faites chauffer une poêle à revêtement antiadhésif de 20 cm. Huilez-la légèrement. Versez 1 louche de pâte, en tournant la poêle pour l'étaler, et faites cuire 2-3 min à feu doux : des petits trous doivent se former à la surface. Faites cuire ainsi toutes les crêpes, d'un seul côté, et laissez-les refroidir sur un linge, sans les empiler.

Badigeonnez-les de beurre et de miel, poudrez de cannelle et servez aussitôt.

[briouats aux œufs]

Épluchez les oignons et hachez-les. Rincez, essorez le persil, hachez-en les feuilles.

Faites chauffer 1 cuillerée à soupe d'huile dans une poêle et faites-y fondre les oignons. Poudrez de sucre, salez légèrement, ajoutez la cannelle.

Cassez les œufs dans une jatte et battez-les à la fourchette. Incorporez-les aux oignons. Retirez du feu.

Coupez toutes les feuilles de brick en deux avec des ciseaux, puis procédez à la confection des *briouats* comme indiqué, de façon à obtenir des carrés d'environ 6 cm de côté (pliage en triangles, p. 88).

Faites chauffer le reste de l'huile dans une poêle, ajoutez le beurre, et, lorsque celui-ci est bien mousseux, faites-y dorer les *briouats* 2-3 min sur les deux faces, par petites quantités. Égouttez-les sur du papier absorbant. Servez brûlant avec une coupelle de sucre et de cannelle mélangés.

20 *briouats*
Préparation et cuisson : 50 min

350 g d'oignons
4 branches de persil plat
4 cuil. à soupe d'huile
1 cuil. à café de sucre
1/3 de cuil. à café de cannelle en poudre
5 œufs
10 feuilles de brick
30 g de beurre
cannelle en poudre
sel

Pour servir :
2 cuil. à soupe de sucre
1 cuil. à café de cannelle

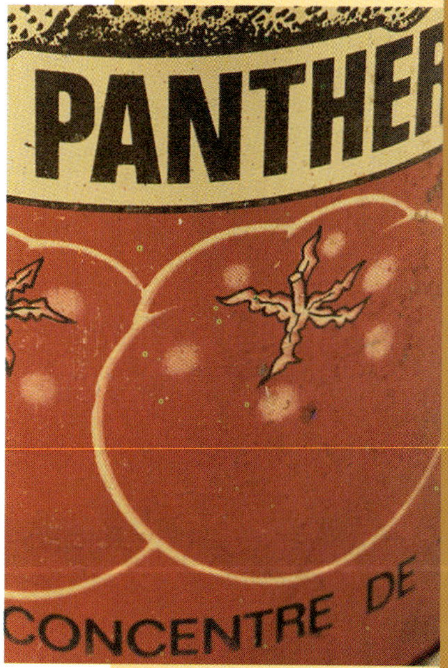

Les *briouats* à la kefta, comme tous les *briouats* d'ailleurs, sont un parfait plat de buffet ou de pique-nique. Il importe seulement de ne pas les consommer trop froids ; enveloppez-les bien pour les garder tièdes.

[briouats à la kefta]

4 personnes
20 briouats
Préparation
et cuisson : 45 min

1 petit oignon
2 branches de coriandre
2 branches de persil
250 g de viande de bœuf ou d'agneau hachée
1 pincée de cannelle en poudre
1 pincée de curcuma
1 pincée de cumin en poudre
3-4 cuil. à soupe d'huile
2 œufs
10 feuilles de brick
30 g de beurre
sel, poivre

Pour servir :
2 cuil. à soupe de sucre
1 cuil. à café de cannelle

Pelez l'oignon et hachez-le finement. Rincez la coriandre et le persil, essorez-les dans du papier absorbant, effeuillez-les et hachez-les. Mélangez l'oignon, la coriandre, le persil avec la viande hachée, ajoutez toutes les épices, salez et poivrez.

Faites chauffer 1 cuillerée à soupe d'huile dans une poêle, faites-y revenir la préparation à feu doux, en remuant sans cesse avec une spatule et en écrasant la viande, jusqu'à ce que tout le jus soit évaporé.

Cassez les œufs dans une jatte et battez-les à la fourchette avant de les incorporer à la viande, hors du feu.

Coupez toutes les feuilles de brick en deux avec des ciseaux, pliez et procédez à la confection des *briouats* comme indiqué, de façon à obtenir des triangles (p. 88).

Faites chauffer le reste de l'huile dans une poêle, ajoutez-y le beurre et, quand celui-ci est bien mousseux, faites-y frire les *briouats* par petites quantités à la fois, jusqu'à ce qu'ils soient joliment dorés : comptez environ 3 min de cuisson par série. Égouttez les *briouats* sur du papier absorbant. Servez chaud avec une coupelle de sucre et de cannelle mélangés.

Si vous le préférez, vous pouvez également faire cuire les *briouats* dans une friteuse.

[pastilla à la kefta]

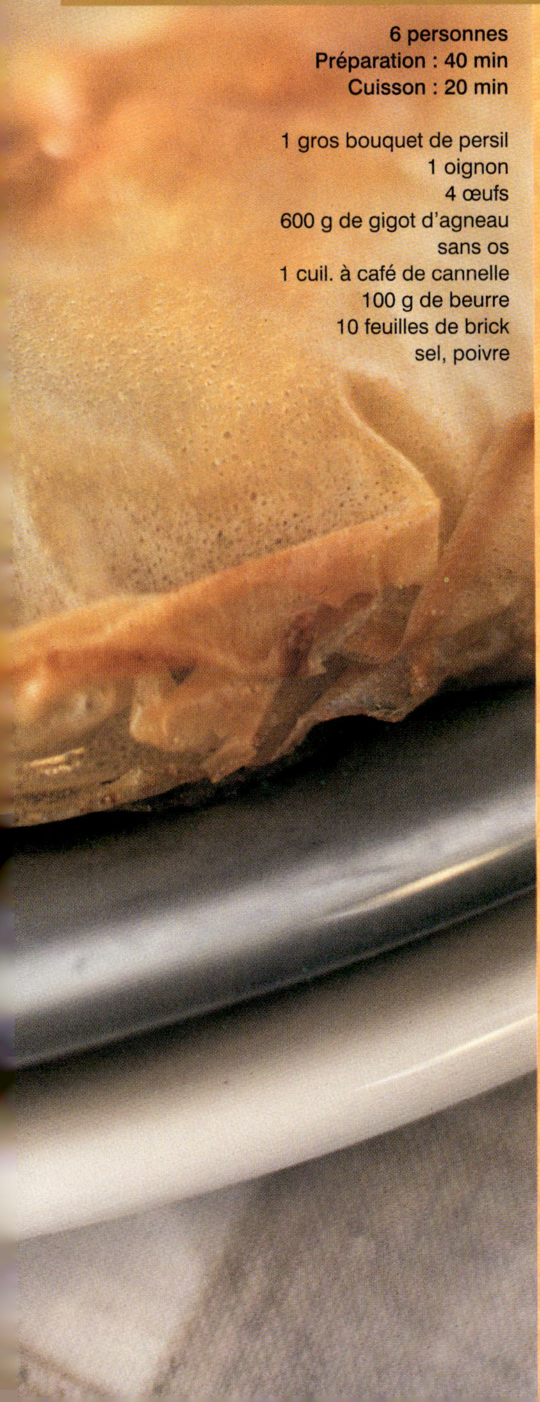

6 personnes
Préparation : 40 min
Cuisson : 20 min

1 gros bouquet de persil
1 oignon
4 œufs
600 g de gigot d'agneau sans os
1 cuil. à café de cannelle
100 g de beurre
10 feuilles de brick
sel, poivre

Rincez le persil, essorez-le dans du papier absorbant et hachez-en finement les feuilles. Épluchez l'oignon et râpez-le. Cassez les œufs dans une jatte, battez-les à la fourchette, salez-les et poivrez-les.

Coupez la viande en cubes avant de la passer au hachoir, grille moyenne. Rassemblez dans un saladier la viande hachée, le persil, l'oignon, la cannelle, salez, poivrez, et malaxez bien le tout. Ajoutez les œufs et mélangez soigneusement.

Faites chauffer le four à 200 °C (th. 6-7).

Faites fondre le beurre et versez-le dans une tasse en éliminant le dépôt blanc, puis beurrez un moule à manqué de 24 cm de diamètre à fond amovible. Procédez au montage de la pastilla (p. 75), mais sans intercaler de feuilles de brick intermédiaires. Égalisez bien la surface avant de poser les dernières feuilles, puis badigeonnez le dessus de beurre fondu.

Mettez au four et faites cuire 20 min, jusqu'à ce que la pastilla soit dorée et croustillante. Servez sans attendre.

Vous pouvez réaliser une pastilla tout aussi délicieuse en remplaçant l'agneau par de la viande de bœuf persillée, de l'entrecôte par exemple.

[pliage des briouats]

Pour obtenir des *briouats* triangulaires, commencez par couper les feuilles de brick en deux avec des ciseaux. Pliez ensuite chaque feuille en deux, en rabattant le côté arrondi sur le côté droit. Déposez 1 noix de farce à l'une des extrémités, aplatissez-la légèrement avec une cuillère en bois, puis rabattez le coin, en biais, sur la farce, de façon à former un triangle. Rabattez ensuite le triangle sur lui-même presque jusqu'au bout de la feuille. Rentrez le petit bout de la feuille qui dépasse à l'intérieur.

briouats carrés

briouats cylindriques

Pour un pliage en cylindre, commencez par plier chaque feuille de brick en deux. Déposez sur chaque feuille une ligne de farce, du côté du bord arrondi. Rabattez les deux côtés de la feuille sur la farce, puis roulez celle-ci jusqu'au bout en serrant bien. Badigeonnez l'extrémité de jaune d'œuf battu avec un peu d'eau, ou de blanc d'œuf, pour coller la feuille. Éventuellement, coupez le rouleau obtenu en biais avec des ciseaux pour obtenir de plus petits cylindres.

briouats triangulaires

Pour confectionner des *briouats* en forme de «petites lettres», procédez de la façon suivante : placez 1 cuillerée à soupe de farce au centre de chaque feuille de brick et aplatissez-la légèrement avec le dos d'une cuillère en bois. Rabattez sur la farce le côté de la feuille qui se trouve vers vous, puis le côté opposé. Terminez en rabattant par-dessus les deux côtés latéraux.

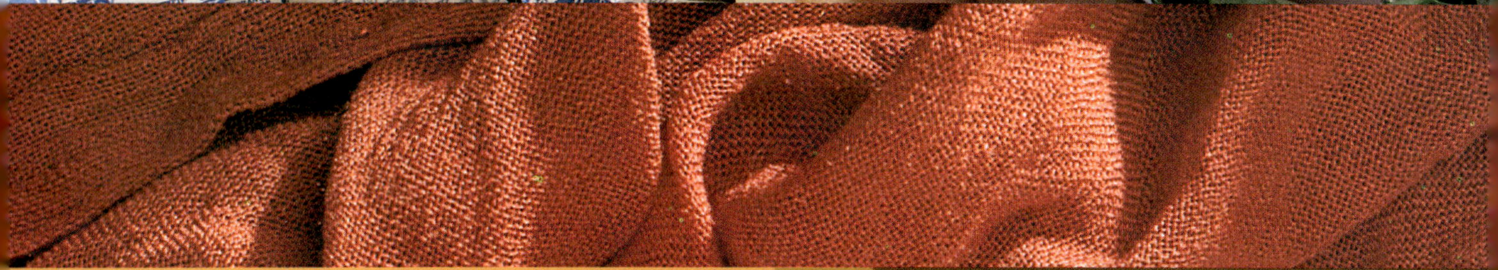

[briouats aux amandes]

4 personnes
ou 20 *briouats*
Préparation : 40 à 50 min

400 g de pâte d'amandes (p. 114)
1/2 cuil. à café de cannelle
1 cuil. à soupe d'eau de fleur d'oranger (facultatif)
20 feuilles de brick
250 g de miel
huile pour friture

Préparez la pâte d'amandes (p. 114) en y incorporant la cannelle et éventuellement l'eau de fleur d'oranger.

Pliez les feuilles de brick en trois, puis confectionnez les *briouats* en triangles (p. 88). Versez le miel dans un saladier.

Faites chauffer l'huile pour friture, plongez-y les *briouats* par petites quantités et laissez-les dorer 3 min environ. Égouttez-les, tamponnez-les avec du papier absorbant et trempez-les aussitôt dans le miel. Égouttez-les à nouveau avant de les mettre dans un plat de service. Servez froid le jour même ou dans les 2 jours qui suivent.

Un repas marocain, après le lavage rituel des mains, commence en général par la pastilla. Ensuite vient le méchoui, suivi des tajines puis du couscous. Chaque convive, qui est censé goûter à tous les plats, se sert au plat principal avec quatre doigts de la main droite. Comme boisson, on présente de l'eau. Après un nouveau lavage des mains, le repas se termine par la cérémonie du thé à la menthe.

[pastilla aux cailles et aux champignons]

6 personnes
Préparation : 1 h
Cuisson : 1 h 30

2 oignons
10 cailles prêtes à cuire
30 g de beurre
1 cuil. à café de curcuma
500 g de champignons
2 cuil. à soupe de jus de citron
3 branches de coriandre
2 branches de persil
6 œufs
3 pincées de noix muscade en poudre
sel, poivre

Pour le montage :
50 g de beurre
10 feuilles de brick

Pelez les oignons et hachez-les. Mettez-les dans une cocotte avec les cailles, le beurre et le curcuma. Salez et poivrez largement. Faites chauffer doucement et mélangez. Versez 30 cl d'eau, couvrez, puis laissez mijoter 50 min.

Pendant ce temps, nettoyez les champignons et coupez-les en lamelles. Arrosez-les de jus de citron. Rincez puis essorez la coriandre et le persil dans du papier absorbant, hachez-en les feuilles.

Lorsque les cailles sont tendres, retirez-les de la cocotte. Mettez les champignons à la place, ajoutez la coriandre et le persil. Faites cuire quelques minutes, puis découvrez la cocotte et laissez réduire la sauce jusqu'à ce qu'elle soit épaisse.

Cassez les œufs dans une jatte et battez-les à la fourchette, salez, ajoutez la noix muscade en poudre, et versez-les dans la cocotte, hors du feu, en mélangeant. Remettez sur feu très doux et continuez de remuer jusqu'à l'obtention d'une crème onctueuse. Arrêtez alors la cuisson.

Désossez les cailles. Faites chauffer le four à 200 °C (th. 6-7). Faites fondre le beurre, versez-le dans une tasse en éliminant le dépôt blanc. Beurrez un moule à manqué de 24 cm de diamètre à fond amovible puis procédez au montage de la pastilla (p. 75), sans intercaler de feuilles de brick intermédiaires. Recouvrez avec les dernières feuilles beurrées et faites rentrer le surplus qui dépasse à l'intérieur du moule, comme pour «border» le tout. Badigeonnez de beurre fondu. Mettez au four et laissez cuire 30 min jusqu'à ce que la pastilla soit bien dorée.

20 *briouats*
Préparation
et cuisson : 30-40 min

1 bouquet de persil plat
300 de fromage de chèvre frais
1 cuil. à soupe de paprika ou de piment doux
2 œufs + 1 blanc
20 feuilles de brick
huile pour friture
sel

[briouats au fromage de chèvre]

Rincez le persil, essorez-le et hachez les feuilles. Mélangez le fromage avec le persil, le paprika ou le piment. Salez légèrement.

Cassez les œufs entiers dans un bol et battez-les à la fourchette avant de les incorporer à la préparation précédente.

Battez légèrement le blanc d'œuf à la fourchette pour le liquéfier.

Pliez les feuilles de brick en deux, garnissez-les d'une ligne de farce et roulez-les selon la méthode du cylindre (p. 88) en serrant. Badigeonnez la dernière partie d'un peu de blanc d'œuf avant de la rouler, pour sceller.

Juste avant de servir, faites chauffer l'huile pour friture. Plongez-y les *briouats* et laissez-les dorer 3 min environ. Égouttez-les sur du papier absorbant et servez sans attendre.

douceurs

douceurs

douceurs épicées

Amandes, miel, sucre, fruits secs et confits : tels sont les ingrédients rois de la pâtisserie marocaine que l'on consomme souvent accompagnée d'un thé à la menthe. Mais la douceur marocaine, c'est aussi l'arôme omniprésent de la fleur d'oranger et toute une variété de boissons rafraîchissantes à base d'amandes et de jus de fruits, ainsi que des salades d'oranges subtilement relevées de cannelle.

1 litre environ
Préparation : 15 min
Macération : 1 h

500 g d'amandes mondées
200 g de sucre
1-2 cuil. à soupe d'eau
de fleur d'oranger

[lait d'amandes]

Passez les amandes au robot avec la moitié du sucre, sans faire fonctionner l'appareil trop longtemps pour que les amandes ne tournent pas en huile. Mettez la poudre grossièrement obtenue dans une jatte, pilez-la encore un peu pour qu'elle soit bien fine.

Faites fondre le reste du sucre dans 1 litre d'eau. Versez dans la jatte et laissez macérer 1 h au frais.

Filtrez le contenu de la jatte dans une passoire tapissée d'une gaze, en pressant avec un pilon ou une cuillère en bois. Ajoutez l'eau de fleur d'oranger. Servez glacé.

[cornes de gazelle]

Séparez la pâte d'amandes en boules de la grosseur d'une noix, puis roulez chacune en forme de cigare.

Préparez la pâte : faites fondre 30 g de beurre ; dans un saladier, disposez la farine en fontaine, mettez au centre le beurre fondu, 1 pincée de sel et la moitié de l'eau de fleur d'oranger, mélangez le tout en incorporant peu à peu le reste de l'eau de fleur d'oranger, jusqu'à ce que vous obteniez une pâte ferme et homogène.

Séparez cette pâte en six morceaux pour pouvoir l'étaler plus facilement. Abaissez chacun d'eux au rouleau à pâtisserie aussi finement, si possible, qu'une feuille de papier à cigarette, sur le plan de travail légèrement fariné, en bandes longues.

Placez des cigares de pâte d'amandes sur la moitié de chaque fine feuille de pâte, espacés de 3-4 cm, dans le sens de la longueur de la feuille. Humectez la partie libre de la feuille de pâte et rabattez-la sur les rouleaux de pâte d'amandes en appuyant pour souder les bords. Détachez chaque corne à l'aide d'une roulette à pâtisserie pour les denteler, puis recourbez-les légèrement en forme de croissant.

Faites chauffer le four à 170 °C (th. 5-6). Beurrez une plaque à pâtisserie.

Déposez les cornes de gazelle sur la plaque à pâtisserie. Piquez-les à plusieurs endroits avec une aiguille à tricoter ou les dents d'une fourchette, puis badigeonnez-les de blanc d'œuf battu.

Mettez au four et laissez cuire environ 15 min : les cornes de gazelle doivent être à peine dorées.

Environ 15 cornes
Préparation : 45 min
Cuisson : 15 min

500 g de pâte d'amandes (p. 114)
40 g de beurre
250 g de farine
3 cuil. à soupe d'eau de fleur d'oranger
1 blanc d'œuf
sel

[ghoribas aux amandes]

Hachez les amandes. Fouettez l'œuf avec 200 g de sucre glace dans un saladier jusqu'à obtention d'un mélange homogène.

Brossez le citron sous l'eau tiède, essuyez-le et râpez son zeste. Ajoutez dans le saladier les amandes, le zeste de citron, la vanille et la levure. Mélangez soigneusement.

Faites chauffer le four à 170 °C (th. 5-6). Couvrez la plaque du four de papier sulfurisé et beurrez celui-ci. Poudrez le plan de travail de sucre glace.

Huilez légèrement vos mains, prenez une petite quantité de pâte, de la grosseur environ d'une noix, roulez-la en boule, puis aplatissez-la sur le plan de travail. Déposez-la ensuite sur la plaque du four, côté sucré au-dessus. Continuez ainsi jusqu'à épuisement de la pâte, en prenant soin d'espacer les tas de pâte de 2-3 cm.

Mettez au four et laissez cuire 15-20 min. Décollez les *ghoribas* avec une spatule et laissez-les refroidir sur une grille.

Vous pouvez également obtenir des *ghoribas* sablés : mélangez longuement 375 g de farine avec 225 g de beurre mou et 125 g de sucre glace. Roulez la pâte en boule et laissez-la reposer au moins 2 h au frais. Passez-la ensuite au hachoir à viande, puis pétrissez-la. Prélevez des noix de pâte et procédez de la même façon que pour les *ghoribas* aux amandes.

25 *ghoribas*
Préparation : 30 min
Cuisson : 15-20 min

350 g d'amandes mondées
1 œuf
250 g de sucre glace
1 citron
1/2 cuil. à café de vanille pure en poudre
1/2 cuil. à café de levure chimique
1 noix de beurre
huile

4 personnes
Préparation : 15 min
Cuisson : 1 h
Réfrigération : 2 h au moins

8 figues
10 g de beurre
5 œufs
75 g de sucre
2 pincées de vanille
en poudre
60 cl de lait
cannelle en poudre

[flan aux figues]

Faites chauffer le four à 140 °C (th. 4-5). Essuyez les figues avec un linge humide, retirez la queue, ouvrez chaque fruit en deux. Beurrez un plat à gratin et déposez-y les figues, côté bombé contre le fond, poudrez-les de cannelle.

Dans un saladier, cassez les œufs et battez-les avec le sucre et la vanille. Ajoutez le lait et mélangez soigneusement. Nappez les figues de cette préparation, mettez au four et faites cuire 1 h, dans un bain-marie, jusqu'à ce que la crème soit prise.

Laissez refroidir le flan avant de l'entreposer 2 h au moins au réfrigérateur. Servez très frais.

[petits gâteaux à la semoule]

25 petits gâteaux
Préparation : 30 min
Cuisson : 15-20 min

3 œufs
250 g de sucre semoule
200 g de beurre fondu tiède
+ 20 g de beurre cru
1 cuil. à café de levure
1 cuil. à café de vanille
500 g de semoule
de blé fine
2 cuil. à soupe de sucre
glace
eau de fleur d'oranger

Fouettez les œufs avec le sucre semoule, ajoutez le beurre fondu, la levure et la vanille, mélangez. Versez la semoule, pétrissez bien.

Faites chauffer le four à 180 °C (th. 6). Beurrez une ou deux tôles à pâtisserie. Les mains humectées d'eau de fleur d'oranger, prenez la valeur d'une belle noix de pâte, roulez-la en boule, aplatissez-la, passez une face dans du sucre glace et déposez sur la tôle beurrée, face sucrée vers le haut. Continuez ainsi jusqu'à épuisement de la pâte.

Faites cuire au four 15-20 min. Décollez les gâteaux et laissez-les refroidir sur une grille.

[salade d'oranges à la fleur d'oranger]

Pelez 5 oranges à vif, en entamant la chair. Coupez-les en fines rondelles et retirez les pépins. Pressez la dernière orange au-dessus d'un bol pour en recueillir le jus. Disposez les rondelles d'orange dans un plat de service. Arrosez-les avec l'eau de fleur d'oranger et 3 cuillerées à soupe de jus d'orange, poudrez-les de sucre glace, puis de cannelle. Mettez au réfrigérateur et laissez macérer au minimum 1 h.

Pendant ce temps, faites dorer les amandes effilées dans une poêle à revêtement anti-adhésif, sans aucune matière grasse.

Au moment de servir, éparpillez les amandes sur les oranges. Décorez éventuellement avec quelques feuilles de menthe.

4 personnes
Préparation et cuisson : 15 min
Macération : 1 h au moins

6 oranges
2 cuil. à soupe d'eau de fleur d'oranger
3 cuil. à soupe de sucre glace
1 cuil. à café de cannelle en poudre
2 cuil. à soupe d'amandes effilées
quelques feuilles de menthe (facultatif)

8 personnes
Préparation : 45 min
Cuisson : 40 min

150 g de beurre
500 g d'amandes mondées
200 g de sucre
1 cuil. à soupe de cannelle en poudre
3 cuil. à soupe d'eau de fleur d'oranger
500 g de feuilles de pâte filo
500 g de miel

[baklaoua]

Faites fondre le beurre et éliminez le dépôt qui s'est formé.

Faites griller les amandes à sec. Concassez-les grossièrement, ajoutez le sucre, la cannelle et 2 cuillerées à soupe d'eau de fleur d'oranger.

Beurrez, à l'aide d'un pinceau, un plat carré ou rectangulaire. Recoupez les feuilles de pâte filo à la dimension du moule.

Badigeonnez de beurre fondu 6 feuilles de pâte filo, sur une face seulement, et superposez-les dans le moule. Couvrez avec la moitié de la farce aux amandes. Recouvrez avec 5 autres feuilles de pâte beurrées, étalez dessus le reste de la farce et terminez par 8 feuilles de pâte beurrées. Aspergez le dessus d'un peu d'eau. Entaillez la surface en losanges.

Faites chauffer le four à 200 °C (th. 6-7).

Mettez le moule au four et laissez cuire environ 30 min, jusqu'à ce que le *baklaoua* soit légèrement doré. Faites chauffer le miel avec le reste de l'eau de fleur d'oranger. Versez sur le *baklaoua* encore chaud.

[écorces d'orange confites]

Brossez les oranges sous l'eau tiède et essuyez-les. Entaillez l'écorce en quartiers, de haut en bas, retirez-la et coupez-la en lamelles d'environ 4 mm de large.

Mettez les écorces dans un autocuiseur, couvrez largement d'eau froide, fermez et laissez cuire 8 min à partir du chuintement de la soupape.

Retirez les écorces et rafraîchissez-les dans de l'eau froide. Égouttez-les parfaitement. Pesez-les. Mettez les écorces et le même poids de sucre dans une bassine à confitures, couvrez d'eau et portez à ébullition. Laissez cuire jusqu'à ce que toute l'eau soit évaporée, en secouant la bassine de temps en temps, mais sans utiliser de cuillère.

Versez les écorces dans un plat et secouez celui-ci pour séparer les lamelles. Laissez refroidir. Mettez dans une boîte hermétique avec du sucre cristallisé, fermez, secouez la boîte pour givrer les écorces. Vous pourrez les conserver 1 mois dans un endroit sec.

Préparation : 30 min
Cuisson : 1 h environ

oranges à peau épaisse
sucre cristallisé

[thé à la menthe]

Rincez la théière à l'eau bouillante. Lavez les feuilles de menthe et essorez-les soigneusement.

Mettez le thé dans la théière, versez-y 1 verre d'eau bouillante, puis videz.

Froissez les feuilles de menthe à la main, enfoncez-les dans la théière, emplissez d'eau en pleine ébullition (environ 75 cl), ajoutez le sucre en fonction de vos goûts. Couvrez la théière avec un cache-théière et laissez infuser 5 min.

Remuez vigoureusement avec une cuillère, écrasez un peu la menthe et vérifiez la saveur. Versez de haut le thé brûlant dans les verres.

4-6 personnes
Préparation et cuisson : 10 min
Infusion : 5 min

3 cuil. à café de thé vert
1 poignée de feuilles de menthe
sucre en morceaux

Ces pâtisseries délicates seront savoureuses accompagnées d'un thé à la menthe que l'on versera en tenant haut la théière, non pour la parade mais pour l'aérer et développer sa saveur. Essayez, c'est un coup de main !

[cigares aux amandes]

24 cigares
Préparation et cuisson : 1 h

500 g de pâte d'amandes (p. 114)
24 feuilles de brick
250 g de miel liquide
1 blanc d'œuf
huile pour friture

Façonnez la pâte d'amandes en bâtonnets d'environ 12 cm de longueur, un peu plus épais qu'une cigarette. Déposez 1 bâtonnet au tiers de chaque feuille de brick, rabattez la base de celle-ci dessus, puis les deux côtés, et roulez le tout. Badigeonnez l'extrémité de blanc d'œuf légèrement battu pour sceller.

Faites chauffer l'huile pour friture à 180 °C. Versez le miel dans une petite casserole et faites-le tiédir.

Plongez les cigares dans l'huile chaude par petites quantités, laissez-les dorer. Égouttez-les au fur et à mesure, puis trempez-les un par un dans le miel tiède, à l'aide d'une pince. Rangez-les en pyramide.

Vous pouvez également préparer des cigares aux amandes en enveloppant les bâtonnets dans la même pâte que celle des cornes de gazelle (p. 98) ou dans de la pâte feuilletée étalée très finement, et les faire cuire au four à 180 °C (th. 6).

[dattes et noix fourrées]

60 fruits fourrés
Préparation : 1 h

30 dattes
400 g de pâte d'amandes
(p. 114)
quelques gouttes
de colorant alimentaire vert
quelques gouttes
de colorant alimentaire rose
60 cerneaux de noix

Essuyez les dattes, fendez-les en long, dénoyautez-les.

Séparez la pâte d'amandes en trois. Incorporez quelques gouttes de colorant vert à un tiers de pâte, quelques gouttes de colorant rose à un second tiers, et malaxez pour obtenir des pâtes de couleur homogène.

Roulez-les. Détaillez les 3 rouleaux de pâte en petites noisettes. Introduisez-en une, en l'allongeant un peu, dans chaque datte, à la place du noyau. Collez les cerneaux de noix 2 par 2 avec une noisette de pâte d'amandes.

Déposez les fruits fourrés dans des caissettes en papier plissé sur un plat ouvragé.

[cigares au fromage blanc]

Versez le fromage blanc dans une passoire fine tapissée d'une gaze et laissez-le ainsi 2 h, jusqu'à ce qu'il soit bien égoutté.

Cassez les œufs entiers dans une jatte et battez-les légèrement à la fourchette, ajoutez 1 pincée de sel et le fromage blanc. Mélangez soigneusement.

Faites chauffer l'huile pour friture à 180 °C dans une poêle profonde ou dans une bassine à friture. Battez légèrement le blanc d'œuf à la fourchette pour le liquéfier.

Déposez un peu de la préparation au fromage au tiers inférieur de chaque feuille de brick, rabattez la base sur le fromage, puis les côtés, et roulez la feuille presque jusqu'en haut. Badigeonnez la partie libre avec un peu de blanc d'œuf pour sceller les bords et finissez de rouler.

Plongez les cigares dans l'huile pour friture par petites quantités et laissez-les dorer 3 min environ. Égouttez-les sur du papier absorbant et servez chaud.

12 cigares
Préparation et cuisson : 20-30 min
Égouttage : 2 h

250 g de fromage blanc
2 œufs + 1 blanc
12 feuilles de brick
huile pour friture
sel

[lait caillé]

2 litres
Préparation : 10 min
Repos : 1 h 30

2 cuil. à soupe de foin d'artichaut cru
2 litres de lait

Enveloppez le foin d'artichaut dans une gaze, nouez celle-ci. Faites tiédir le lait. Versez-le dans une jatte, plongez le sachet de gaze dans le lait, laissez-le 5 min, puis pressez-le entre vos doigts, au-dessus du lait pour en extraire tout le liquide. Couvrez la jatte et laissez-la reposer 1 h-1 h 30 dans un endroit tiède.

Mettez le lait caillé au réfrigérateur et laissez-le refroidir. Servez très frais.

Vous pouvez également sucrer le lait et le parfumer d'eau de fleur d'oranger avant de le faire tiédir.

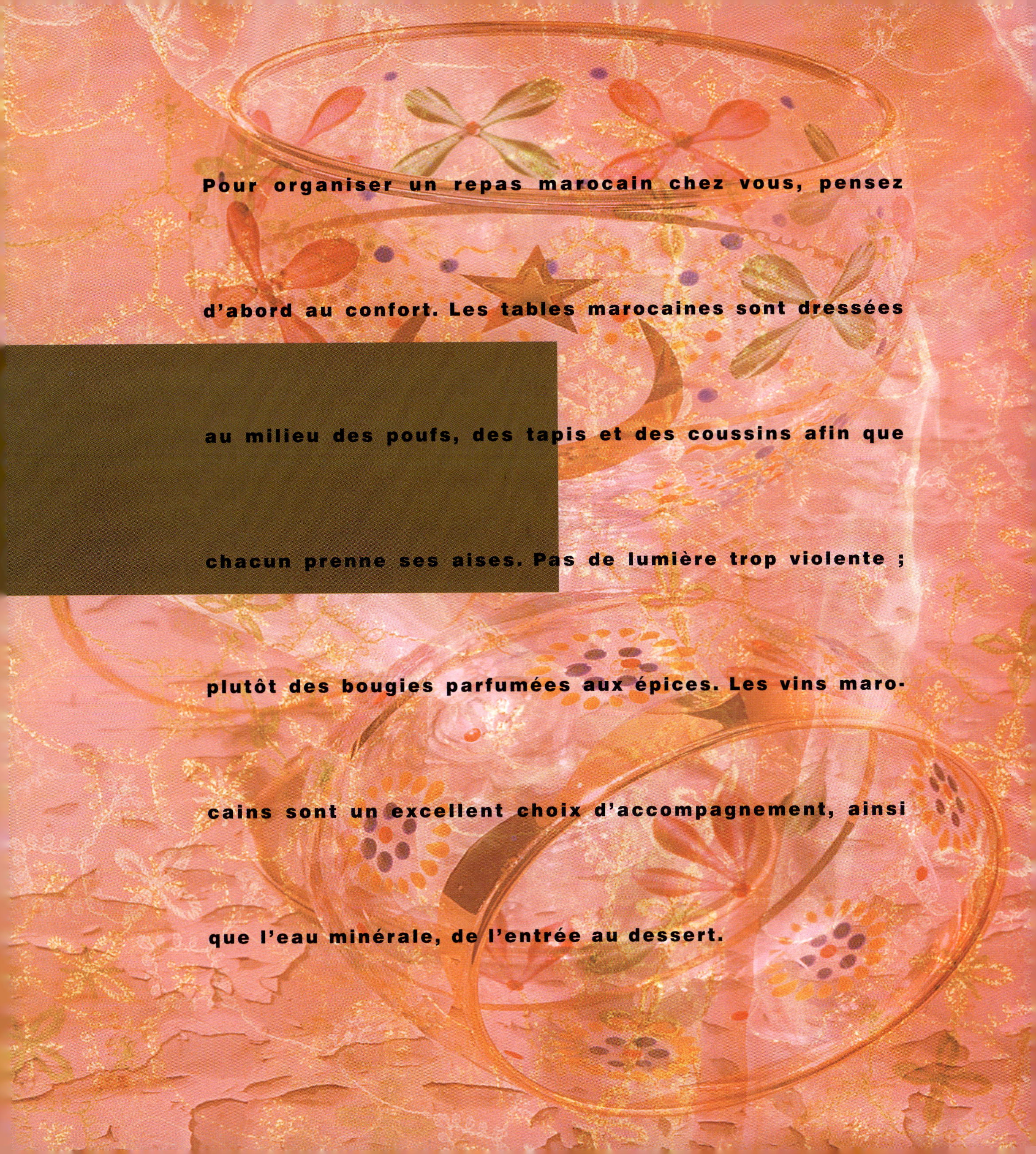

Pour organiser un repas marocain chez vous, pensez d'abord au confort. Les tables marocaines sont dressées au milieu des poufs, des tapis et des coussins afin que chacun prenne ses aises. Pas de lumière trop violente ; plutôt des bougies parfumées aux épices. Les vins marocains sont un excellent choix d'accompagnement, ainsi que l'eau minérale, de l'entrée au dessert.

[gâteaux aux amandes]

Environ 30 gâteaux
Préparation : 30 min
Cuisson : 25 min
Repos : 12 h

85 g de beurre
250 g de farine
100 g de sucre
1 œuf
75 g de poudre d'amandes
2 pincées de vanille en poudre
1/2 sachet de levure chimique
75 g de raisins secs

Faites à peine fondre 75 g de beurre et laissez tiédir. Mélangez la farine et le sucre dans une terrine, creusez un puits au centre et ajoutez-y l'œuf, la poudre d'amandes, la vanille et la levure. Mélangez le tout, incorporez le beurre tiède et pétrissez en ajoutant peu à peu suffisamment d'eau pour obtenir une pâte homogène de même consistance qu'une pâte à pain.

Rincez brièvement les raisins secs, essuyez-les, ajoutez-les à la pâte. Mélangez. Divisez la pâte en deux portions égales, puis façonnez chacune d'elles en rouleaux de 2-3 cm de diamètre.

Faites chauffer le four à 200 °C (th. 6-7). Beurrez une tôle à pâtisserie.

Déposez les rouleaux de pâte sur la tôle en les espaçant de 3-4 cm environ, mettez au four et laissez cuire 15 min. Sortez-les du four avant qu'ils ne soient dorés. Laissez reposer toute la nuit.

Le lendemain, coupez les rouleaux en tranches d'environ 1 cm d'épaisseur. Posez-les sur la tôle à pâtisserie non beurrée et faites-les dorer 10 min au four. Vous pouvez conserver ces gâteaux 1 semaine dans une boîte hermétique.

[pâte d'amandes]

700 g
Préparation et cuisson : 10 min

40 g de beurre
500 g d'amandes mondées
150 g de sucre
2-3 cuil. à soupe d'eau de fleur d'oranger

Faites juste fondre le beurre.

Mélangez les amandes et le sucre, mettez-les dans le bol du robot et faites fonctionner l'appareil jusqu'à obtention d'une pâte compacte.

Déposez cette préparation sur le plan de travail et pétrissez-la en y ajoutant l'eau de fleur d'oranger et le beurre fondu. Gardez-la au frais jusqu'au moment de l'utiliser.

8 personnes
Préparation : 30 min
Cuisson : 25 min

100 g de beurre
150 g de dattes
100 g de cerneaux de noix
2 œufs
100 g de sucre
150 g de farine
1 cuil. à café de levure chimique
1 cuil. à soupe d'eau de fleur d'oranger
1/2 cuil. à café de cannelle en poudre

[gâteau aux dattes et noix]

Faites chauffer le four à 170 °C (th. 5-6). Beurrez un moule à manqué de 24 cm de diamètre. Couvrez le fond de papier sulfurisé et beurrez-le.

Dénoyautez les dattes et hachez-les grossièrement. Passez les noix au robot pour obtenir une poudre grossière.

Faites fondre le reste du beurre. Fouettez les œufs et le sucre, incorporez-y la farine et la levure, mélangez, puis ajoutez le beurre fondu, les dattes hachées, les noix en poudre, l'eau de fleur d'oranger et la cannelle.

Versez cette pâte dans le moule, mettez au four et laissez cuire 25 min. Laissez refroidir sur une grille avant de démouler.

Vous pouvez couper le gâteau en losanges et le servir éventuellement avec du lait caillé (p. 112).

[glossaire]

Amandes mondées : si vous ne possédez que des amandes avec leur peau, plongez-les 2 min dans de l'eau bouillante, égouttez-les et pincez-les une à une entre le pouce et l'index — la peau partira alors très facilement.

Brick : feuilles de pâte très fines, dont la préparation est très délicate, et qui portent des noms différents selon les pays du Maghreb. Elles sont vendues en France par sachets de 10 ou de 20 au rayon fraîcheur des supermarchés, sur les marchés chez les vendeurs d'olives, de fruits et de légumes secs, et dans les épiceries arabes. Vérifiez la date limite de consommation. Les bricks sèchent très rapidement ; aussi, ne les sortez de leur emballage qu'au moment même de les utiliser ; refermez soigneusement le paquet entamé et gardez-le environ 3 jours au réfrigérateur. Vous pouvez remplacer ces feuilles par de la pâte filo (ou phylo) vendue dans les épiceries grecques.

Gingembre frais : c'est un rhizome beige clair, à la forme tourmentée, qu'il n'est pas nécessaire de peler lorsqu'il est très frais. Achetez-le par petites quantités chez les marchands de produits exotiques ou dans les épiceries asiatiques et conservez-le dans le bac à légumes du réfrigérateur.

Gingembre en poudre : une fois séché et réduit en poudre presque impalpable, le gingembre ne présente plus les mêmes caractéristiques gustatives ; ne l'utilisez donc pas à la place de la plante fraîche.

Piment frais : on trouve en France essentiellement des piments verts et des piments rouges ; plus ils sont petits, plus ils sont forts. Retirez les graines en travaillant sous l'eau froide courante, ou avec des gants, car la substance qu'elles contiennent est particulièrement brûlante. Évitez de vous frotter les yeux.

Piment en poudre : vous en trouverez différentes variétés sur les présentoirs à épices et chez les marchands spécialisés. Le piment d'Espelette, délicatement parfumé, originaire du Pays basque, est une alternative agréable entre le piment fort et doux, tandis que le chili ou le Cayenne sont plus brûlants. Vous pouvez aussi réduire en poudre des piments oiseaux séchés. Le paprika vendu en France est généralement doux et peut aisément remplacer le piment doux.

Ras al-hanout : signifie le «sommet» ou le «toit du magasin», donc ce qu'il y a de meilleur. Ce mélange, indispensable notamment à la préparation des couscous, comprenait autrefois plus de 30 épices et aromates différents ; de nos jours, il est souvent moins parfumé. Choisissez un produit dont la composition est mentionnée sur l'emballage et donnez la préférence à ceux qui comprennent des boutons de rose.

[conseils d'achat]

Tous les produits nécessaires à la réalisation de ces recettes peuvent se trouver très facilement, aussi bien dans les divers rayons des supermarchés (épices, rayon fraîcheur, fruits et légumes) que chez les épiciers maghrébins ou les revendeurs d'épices spécialisés. Vous pourrez également les acheter sur les marchés de plein air ou vous les procurer dans les halles de toutes les villes un peu importantes.

[index alphabétique des recettes]

[table des matières]

[remerciements]

Valérie Lhomme remercie Marine Labrune pour son aide précieuse et enthousiaste, ainsi que les boutiques suivantes pour leur charmante collaboration : À la ville de Mogador, la Médina, la maison Richbond, Rive Sud (situées à Paris).

L'éditeur remercie Édouard Collet, Christine Martin et Mélanie Joly pour leur aide précieuse et Marine Barbier pour ses lectures attentives.

[crédits photographiques]

Couverture : Explorer / J.Brun

p. 10 : Explorer / R.Mattes ; p. 32 : Hoaqui / Sylvain Grandadam ; p. 52 : Explorer / J.Brun ; p. 74 : Hoaqui / Treal / Ruiz ; p. 96 : Sygma / Flavio Pagani.

Impression et reliure en France chez Partenaires
Dépôt légal : 04125.09.2000
N° d'édition : OF05354
ISBN : 2-01-23-6493-4
23-77-6493-01-3